ロールプレイで学ぶ韓国語

初級から中級へ

この教科書の音源は白水社ホームページ（www.hakusuisha.co.jp/download/）からダウンロードすることができます（お問い合わせ先：text@hakusuisha.co.jp）。

音声ナレーション　　金南听、朴天弘
本文デザイン・装丁　株式会社アイ・ビーンズ

はじめに

　本書は，大学における韓国語の授業で，初級に続く内容を会話中心に学ぶことができるよう，作成されたテキストです．初級で学ぶ基本的な文法（해요体の作り方，過去の表現など）を終えていれば，このテキストでさらなるステップアップを図ることができます．内容は，短期留学や旅行の際に遭遇するであろう場面を中心に構成されています．

　本書の特徴は以下のとおりです：

・中級へステップアップする内容を，会話中心に学べる
・ある場面で必要な語彙や文法を学べる
・モデル会話とロールプレイで実践的に学べる
・各課に提示されたコラムで韓国文化も学べる
・巻末の単語リストで「〈ハングル〉能力検定試験」の初級（5級・4級）語彙も学べる

　本書は12課で構成されており，一つの課を2回の授業で終えることを想定しています．オリエンテーションや復習などを含め，週1回の授業であれば1年間，週2回の授業であれば半年で終えることが可能です．

　最後になりましたが，音声の吹込みを担当してくださった金南昕先生，朴天弘先生に心から感謝を申し上げます．

2019年2月

著者一同

目 次

はじめに ………………………………………………………………… 3

用言の活用について ……………………………………………………… 6

第1課　제 친구를 소개하겠습니다. ……………………………… 8

- ❖ **学習目的**　　1. 初対面の相手に自己紹介をすることができる
  - 　　　　　　　　2. 友人のことを他の人に紹介することができる
- ❖ **学習文法**　　−는 (動詞の現在連体形), −기 전에, −겠−

第2課　이메일 주소도 좀 알려 주세요. ……………………… 14

- ❖ **学習目的**　　1. 相手の連絡先や他の人の連絡先を聞くことができる
  - 　　　　　　　　2. 自分の連絡先や他の人の連絡先について教えることができる
- ❖ **学習文法**　　−(으)ㄹ게요, −고, −아/어 주세요

第3課　오늘 점심 뭘로 할까요? …………………………… 20

- ❖ **学習目的**　　1. 食堂で注文することができる
  - 　　　　　　　　2. 相談してメニューを決めることができる
- ❖ **学習文法**　　−(으)ㄹ까요?, −(으)ㄴ (形容詞・指定詞の現在連体形), −게

第4課　1호선을 타면 인사동에 가요? ……………………… 26

- ❖ **学習目的**　　1. 交通手段について尋ねることができる
  - 　　　　　　　　2. 今いる場所からの道を尋ねることができる
- ❖ **学習文法**　　−(으)면, −아야/어야 되다, −(으)려면

第5課　한번 신어 봐도 돼요? …………………………… 32

- ❖ **学習目的**　　1. 買い物ができる
  - 　　　　　　　　2. 自分に合うサイズを要求することができる
- ❖ **学習文法**　　−아/어 보다, −아도/어도 되다, −(으)ㄴ데

第6課　명동에 같이 갈래요? …………………………… 38

- ❖ **学習目的**　　1. 相手に提案することができる
  - 　　　　　　　　2. 相手の提案を受け入れたり、断ったりすることができる
- ❖ **学習文法**　　−(으)ㄹ래요, −(으)니까, −지만

第7課　가르친 경험이 있어서 괜찮아요. ·············· 44

❖ 学習目的　1. 久しぶりに会う相手と挨拶を交わすことができる
　　　　　　　2. 近況について尋ねたり、答えたりすることができる

❖ 学習文法　−아서/어서, −거든요, −(으)ㄴ（動詞の過去連体形）

第8課　감기 걸린 것 같아요. ·············· 50

❖ 学習目的　1. 自分の病状を説明することができる
　　　　　　　2. 薬剤師からの指示や説明を聞いて理解することができる

❖ 学習文法　−(으)ㄴ 것 같다, −는데, −지 말다

第9課　핸드폰을 찾으러 왔는데요. ·············· 56

❖ 学習目的　1. 持ち物について説明することができる
　　　　　　　2. 落とし物・忘れ物などのトラブルに対応できる

❖ 学習文法　−(으)러, −아/어 있다, −네요

第10課　고장 신고를 인터넷으로 할 수 있어요? ·············· 62

❖ 学習目的　1. アドバイスを求めることができる
　　　　　　　2. 相手のアドバイスに同意し、受け入れることができる

❖ 学習文法　−(으)ㄹ 수 있다/없다, −(으)ㄹ 것 같다, −(으)ㄹ 때

第11課　대신 반납해 주면 안 돼요? ·············· 68

❖ 学習目的　1. 相手にお願いすることができる
　　　　　　　2. 相手のお願いを承諾することができる

❖ 学習文法　−(으)면 안 되다, −(으)ㄹ（未来連体形）, −잖아요

第12課　쉬면서 대학원 준비할 생각이에요. ·············· 74

❖ 学習目的　1. この先の予定や計画について話すことができる
　　　　　　　2. 相手の予定や計画について尋ねることができる

❖ 学習文法　−(으)면서, −(으)ㄹ 생각이다, 못

付録　発音の規則、助詞のまとめ、用言のさまざまな活用ほか ·············· 80

　　　単語リスト ·············· 92

用言の活用について

　韓国語で述語となる**用言**は、日本語と同じく活用します。用言には**動詞**(「走る」、「飲む」など)、**形容詞**(「速い」、「赤い」など)、存在の有無を表す**存在詞**(「ある」、「いない」など)、そして「…だ」「…ではない」といった意味の**指定詞**が含まれます。通常、用言はその本体部分である**語幹**に、文法的な意味を表す**語尾**をつけて用います。辞書の見出し形である**基本形**はいずれも**語尾** –다で終わりますが、この –다をとった残りの部分が語幹です。

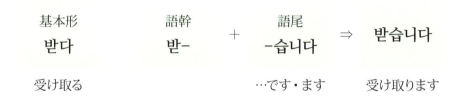

　語幹が母音で終わる用言を**母音語幹の用言**、子音で終わる用言を**子音語幹の用言**と呼びます。また、子音語幹の用言のうち、語幹がパッチムの ㄹ(리을) で終わる用言を**ㄹ語幹の用言**(活用の詳細については p.89 を参照)と呼びます。
　なお、語尾は語幹へのつき方によって大きく三つのタイプに分けることができます。

①　語幹にそのままつくタイプ (例：-지요?「…でしょう?」)
　　가다 + -지요? ⇒ 가지요?「行くでしょう?」
　　먹다 + -지요? ⇒ 먹지요?「食べるでしょう?」

②　語幹が母音で終わればそのままつき、子音で終われば間に -으- が入るタイプ (例：-(으)면「…すれば」)
　　오다 + -(으)면 ⇒ 오면「来れば」
　　좋다 + -(으)면 ⇒ 좋으면「良ければ」

③　語幹の最後の母音が ㅏやㅗなどの**陽母音**なら아系が、それ以外の**陰母音**なら어系がつくタイプ (例：-아요/어요「…です・ます」)
　　작다 + -아요/어요 ⇒ 작아요「小さいです」
　　적다 + -아요/어요 ⇒ 적어요「少ないです」

本書では、さまざまな語尾について、①のタイプを −지요や −다のようにハイフンだけで示し、−(으)면や −(으)려고のように「(으)」があれば②のタイプ、−아요/어요や −아도/어도のように아系と어系が「/（スラッシュ）」で示されていれば③のタイプ、というように表記していきます。

　なお、母音語幹の用言に③のタイプの語尾がつくと、語幹と語尾との間で母音の縮約が起こります（例：가다 ＋ −아요/어요 ⇒ 가아요 ⇒ 가요「行きます」）。縮約のパターンは、語幹がどの母音で終わるかによって決まります。語尾 −아요/어요「…です・ます」を例に、パターンを示すと以下の通りです。

母音	基本形	
ㅗ	보다	「見る」
ㅜ	주다	「あげる」
ㅣ	치다	「打つ」
ㅚ	되다	「なる」
ㅏ	가다	「行く」
ㅐ	내다	「出す」
ㅓ	서다	「立つ」
ㅕ	펴다	「広げる」
ㅔ	세다	「強い」

語幹＋語尾		縮約後の形
보− ＋ −아요	⇒	봐요
주− ＋ −어요	⇒	줘요
치− ＋ −어요	⇒	쳐요
되− ＋ −어요	⇒	돼요
가− ＋ −아요	⇒	가요
내− ＋ −어요	⇒	내요
서− ＋ −어요	⇒	서요
펴− ＋ −어요	⇒	펴요
세− ＋ −어요	⇒	세요

＊語幹が母音ㅟかㅢで終わる場合は、縮約が起こりません。

　　例　쉬다「休む」⇒ 쉬어요
　　　　띄다「(目に) つく」⇒ 띄어요

　また、基本形が하다「する」または하다で終わる用言は、③のタイプの語尾がつく際、語幹の하−と語尾の아/어部分が結合して해という形になります。

　　例　하다「する」＋ −아요/어요 ⇒ 해요「します」
　　　　운동하다「運動する」＋ −아도/어도 ⇒ 운동해도「運動しても」

제1과

제 친구를 소개하겠습니다.

🔊 02

❖ **学習目的**　1. 初対面の相手に自己紹介をすることができる
　　　　　　　2. 友人のことを他の人に紹介することができる

❖ **学習文法**　–는（動詞の現在連体形）、–기 전에、–겠–

▶ この課で学ぶ単語 ◀

🔊 03　　　　　　　　　　　　　　　　　　　🔊 04

배우	俳優	발표(하다)	発表 (する)
듣다	聞く、聴く　〈ㄷ変則〉	마치다	終わる、終える
부산	釜山 (プサン、韓国の都市)	아주	非常に、すごく、とても
가수	歌手	뵙다	お目にかかる
드라마	ドラマ	안녕하세요?	こんにちは、こんばんは
정도	程度、〜ほど、〜くらい	취미	趣味
씻다	洗う	거의	ほとんど、ほぼ
소개(하다)	紹介 (する)	이쪽	こちら、こちら側
다녀오다	行ってくる	같이 [가치]	一緒に
주문(하다)	注文 (する)	만나서 반갑습니다	お会いできて嬉しいです
김치찌개	キムチチゲ (鍋料理)		

文化紹介❓

　みなさんは、初対面の人に何を聞きますか？ どこに住んでいるか、趣味は何か、好きな歌手は誰か、などのように話題はいろいろとあるのではないでしょうか。韓国では初対面の人にどのようなことを聞くのか、調べてみましょう。

第1課

1-1 −는 …する…（動詞・存在詞の現在連体形） 🔊05

「ご飯を食べる人」や「学校に行く時間」の「食べる」や「行く」など、名詞を説明する（修飾する）用言の形を連体形といいます。動詞・存在詞の現在連体形を作るには、語幹に連体形語尾の −는をつけます。ㄹ語幹の用言では、語幹末のㄹが脱落します。

① 좋아하는 배우 있어요?　好きな俳優がいますか。
② 매일 듣는 노래가 있어요.　毎日聞く歌があります。
③ 부산에 사는 친구에게 전화해요.　釜山に住んでいる友達に電話します。（＜살다）

練習1 例にならって現在連体形でつなげてみよう。

例　먹다（食べる）/ 사람（人）　→　먹는 사람（食べる人）

（1）싫어하다（嫌う）/ 음식（食べ物）　（2）알다（知る、分かる）/ 가수

（3）입다（着る）/ 옷（服）　　　　（4）재미있다（面白い）/ 영화（映画）

練習2 例にならって疑問文にし、ペアに聞いてみよう。

例　좋아하다（好む）/ 한국 음식（韓国の食べ物）
　　→　A：좋아하는 한국 음식이 뭐예요? 好きな韓国の食べ物は何ですか？
　　　　B：（答えは自由に）순두부찌개를 좋아해요. スンドゥブが好きです。

（1）주말에 보다（週末に見る）/ 드라마
　　A：
　　B：

（2）알다 / 한국 노래（韓国の歌）
　　A：
　　B：

（3）싫어하다 / 음식
　　A：
　　B：

9

1-2　-기 전에　…する前に　🔊 06

動詞の語幹について、「…する前に」という意味を表す表現です。

① 한국에 **오기 전에** 2년 정도 한국어를 공부했어요.
　韓国へ来る前に2年ほど韓国語を勉強しました。

② 밥을 **먹기 전에** 손을 씻어요.　ご飯を食べる前に手を洗います。

③ 친구와 **놀기 전에** 숙제를 해요.　友達と遊ぶ前に宿題をします。

練習3　例にならって「-기 전에」で文をつなぎ、過去形の文にしてみよう。

例　비가 오다 (雨が降る) / 빨리 돌아오다 (早く帰る)
　　　→　비가 <u>오기 전에</u> 빨리 돌아왔어요. 雨が降る前に早く帰ってきました。

(1) 친구를 만나다 (友達に会う) / 전화하다 (電話する)
　　→

(2) 숙제를 하다 / 밥을 먹다
　　→

(3) 오사카에서 살다 (大阪で暮らす) / 요코하마에서 살다 (横浜で暮らす)
　　→

練習4　例にならって疑問文にし、ペアに聞いてみよう。

例　밥을 먹다 → Ａ：<u>밥을 먹기 전에</u> 뭐 했어요? ご飯を食べる前に何をしましたか?
　　　　　　 Ｂ：(答えは自由に) 손을 씻었어요. 手を洗いました。

(1) 학교에 오다 (学校に来る)
　　Ａ：
　　Ｂ：

(2) 자다 (寝る)
　　Ａ：
　　Ｂ：

(3) 수업을 듣다 (授業を聞く)
　　Ａ：
　　Ｂ：

第1過

1-3 　−겠− 　（意志・推量） 　🔊 07

　用言について、話の現場における、話し手の〈意志〉や〈推量〉を表します。疑問文では、相手の〈意志〉を問う表現になります。

① 제 친구를 **소개하겠습니다**. 私の友達を紹介します。
② 몇 시까지 **오시겠어요**? 何時までに来られますか。
③ 내일은 많이 **춥겠어요**. 明日はかなり寒そうです。

練習5 「−겠−」をつけてみよう（文末は합니다体で）。

　例　전화하다 → 전화하겠습니다

（1）**알다**　　　　　　　　　　　（2）**모르다** 分からない〈르変則〉

（3）**다녀오다**　　　　　　　　　（4）**잘 먹다** よく食べる

練習6 （　　　）内の単語に指定された形で「−겠−」をつないで会話してみよう。

（1）A : ＿＿＿＿＿＿＿＿＿＿＿＿＿＿＿? （주문하시다、해요体）

　　B : 김치찌개 하나 주세요. キムチチゲ一つください。

（2）A : 발표를 ＿＿＿＿＿＿＿＿＿＿＿＿＿. （마치다、합니다体）

　　B : 아주 잘했어요. とてもうまくやりましたよ。

（3）A : 그럼 다음 주에 ＿＿＿＿＿＿＿＿＿＿＿＿. （뵙다、합니다体）

　　B : 네, 안녕히 가세요. ええ、さようなら。

▶ 그럼 では　다음 주 来週

11

話してみよう

会話 A 🔊 08

안녕하세요?
제 이름은 이케다 유카예요. 일본에서 왔어요.
그리고 취미는 한국 드라마를 <u>보는</u> 거예요.
한국에 <u>오기 전에</u> 거의 매일 봤어요. 앞으로 잘 부탁합니다.

こんにちは。
私の名前は池田由華です。日本から来ました。
そして趣味は韓国のドラマを見ることです。
韓国に来る前、ほぼ毎日見ました。これからよろしくお願いします。

会話 B 🔊 09

이케다 : 진우 씨, 제 친구를 <u>소개하겠습니다</u>.
　　　　 이쪽은 같이 한국어를 <u>공부하는</u> 마이클 씨입니다.
마이클 : 안녕하세요? 저는 마이클이라고 합니다. 만나서 반갑습니다.
진　우 : 저는 백 진우라고 합니다. 잘 부탁합니다.

池　　田：チヌさん、私の友達を紹介します。
　　　　　<u>こちらは一緒に韓国語を勉強している</u>マイケルさんです。
マイケル：はじめまして。私はマイケルと申します。お会いできて嬉しいです。
チ　　ヌ：私はペク・チヌといいます。よろしくお願いします。

※下線部を제가 좋아하는（私が好きな）／같이 일하는（いっしょに働いている）などと入れ換えてみよう。

文化紹介

　韓国では、初対面の人に年齢や生まれた年を聞くことがあります。これは、相手の年齢が言葉づかいを左右する要因の一つになるからです。例えば学年が同じであっても、自分より相手の方が年上であれば、敬語を使うのが普通です。しかし、相手が年下であれば、丁寧さを省いた友達同士で話すような気楽な言葉づかい（パンマル）になります。初対面の人にいきなり年齢を聞かれると少々戸惑うかもしれませんが、韓国人のコミュニケーションとしてはごく普通のことなのです。よく使われるフレーズに、**나이가 어떻게 되세요?**（おいくつですか）、**몇 년생이에요?**（何年生まれですか）、**몇 학번이에요?**（何年度入学ですか）などがあります。

제1과

場面1

A：Bさんに自己紹介をしてみましょう。その際に、名前、出身地、趣味を含めること。
B：Aさんの自己紹介を聞いてから、今日学校に来る前に何をしたか、質問してみましょう。

名前	出身地	趣味	何をしたか

場面2

A：Bさんに、友人のCさんを紹介しましょう。
B：Cさんの自己紹介を聞き、自分もCさんに自己紹介しましょう。
C：Aさんの紹介に続けて、Bさんに自己紹介しましょう。

名前	どんな人？

おさらい

＊以下の表現を、韓国語で言ってみよう。下線部では、この課で学んだ表現を使ってみよう。

1. 韓国語が<u>好きな</u>学生が多いです。

　_____

2. 映画を<u>見る</u>のが趣味です。

　_____

3. <u>いただきます</u>。（합니다体で）

　_____

4. テレビを<u>見る前に</u>何をしましたか？

　_____

제 2 과

이메일 주소도 좀 알려 주세요.

🔊 10

❖ **学習目的**　1. 相手の連絡先や他の人の連絡先を聞くことができる

　　　　　　　2. 自分の連絡先や他の人の連絡先について教えることができる

❖ **学習文法**　–(으)ㄹ게요,　–고,　–아/어 주세요

▶この課で学ぶ単語◀

🔊 11　　　　　　　　　　　　　　　　　　　　　　　🔊 12

주소	住所	추억	思い出
카톡(카카오톡)	カカオトーク	졸업(하다) [조러파다]	卒業 (する)
보내다	送る、届ける	유학(하다) [유하카다]	留学 (する)
잡채	チャプチェ	물어보다	聞いてみる
이따가	後ほど	과 사무실	学科事務室
메일(하다)	メール (する)	몰라요	知りません (＜모르다)
택배	宅配	그렇게 [그러케]	そのように、それほど
열심히 [열씨미]	熱心に、一生懸命に	이메일 주소	メールアドレス
–만	～だけ、～ばかり	알리다	知らせる
갔다 오다	行ってくる	한자 [한짜]	漢字
연락(하다) [열라카다]	連絡 (する)	어떻게 [어떠케]	どのように
중	①中、中間、うち　②～(の) 間、～途中	되다	①なる　②できる
기다리다	待つ	조금	ちょっと、少し、やや
기숙사	寄宿舎、寮	혹시	万一、もしも、ひょっとして
가져오다	持ってくる	그래요?	そうですか
알아보다	①調べる、探る　②見分ける　③認める	연락처 [열락처]	連絡先

文化紹介 ?

　みなさんもスマートフォンで友達にメッセージを送るとき、LINE（ライン）のようなコミュニケーションアプリを使っていますか？ LINE は韓国でも使われていますが、他にもよく使われるアプリがあります。韓国ではどのようなアプリが使われ、実際にどのようなコミュニケーションがとられているのか調べてみましょう。

14

第2課

2-1 -(으)ㄹ게요 …しますからね、…しますよ（約束・意志） 🔊 13

動詞について、話し手の〈約束〉や〈意志〉を表します。ㄹ語幹の用言では、語幹末のㄹが脱落します。

① 주소는 카톡으로 **보낼게요**. 住所はカカオトークで送りますね。
② 먼저 **먹을게요**. 先に食べますよ。
③ 잡채는 제가 **만들게요**. チャプチェは私が作りますね。

練習1 例にならって、「-(으)ㄹ게요」を使った文に変えてみよう。

例 저녁에 **전화하세요**. 夕方電話してください。
 → 저녁에 <u>전화할게요</u>. 夕方電話しますね。

（1）이따가 메일하세요.　　　　（2）택배로 보내세요.

_____　　　_____

（3）열심히 공부하세요.　　　　（4）오늘까지만 노세요.（<놀다）

_____　　　_____

練習2 例にならい、「-(으)ㄹ게요」を使った文で答えてみよう。

例 A : 어디 가세요?（갔다 오다）どこに行きますか？
　　B : 화장실에 좀 <u>갔다 올게요</u>. トイレにちょっと行ってきます。

（1）A : 빨리 연락 주세요.（메일하다）早く連絡ください。
　　B : 네, 오늘 중으로 _____

（2）A : 어디에서 만나요?（기다리다）どこで会いますか？
　　B : 기숙사 앞에서 _____

（3）A : 잡채 어디 있어요?（가져오다）チャプチェどこにありますか？
　　B : 제가 _____

（4）A : 이케다 씨 전화번호 알아요?（보내다）池田さんの電話番号知っていますか？
　　B : 이따가 메일로 _____

▶ 오늘 今日 앞 前

15

2-2 −고 …して（動作の順序） 🔊 **14**

動詞について、前の文と後ろの文をつなぎ、動作が連続的に起こることを表します。

① 지금 **알아보고** 연락할게요. 今、調べて連絡しますよ。
② 이케다 씨는 전화를 **받고** 나갔어요. 池田さんは電話に出て、出かけました。
③ 추억을 많이 **만들고** 왔어요. 思い出をたくさん作って帰ってきました。

練習3 例にならって「−고」を使い、前の文と後ろの文をつないでみよう。

例 손을 씻다 / 밥을 먹다 → 손을 씻고 밥을 먹어요.

（1）밥을 먹다 / 약을 먹다（薬を飲む）　（2）졸업하다 / 유학하다

_____　　_____

（3）친구를 만나다 / 공부하다　　（4）주소를 물어보다 / 연락하다

_____　　_____

練習4 下線部に入る表現を下の⬚から選び、「−고」をつけて文を完成させよう。できた文で会話してみよう。

（1）A : 이케다 씨, 주말에 뭐 했어요?
　　B : _____ 저녁을 먹었어요.

（2）A : 과 사무실 전화번호 알아요?
　　B : 몰라요. 친구한테 _____ 전화할게요.

（3）A : 이케다 씨, _____ 뭐 하고 싶어요?
　　B : 한국에 유학하고 싶어요.

（4）A : 약을 _____ 나가세요.
　　B : 네, 그렇게 할게요.

드라마를 보다　　졸업하다　　물어보다　　먹다

第2課

2-3 -아/어 주세요 …してください（依頼） 🔊 15

① 전화번호 좀 **가르쳐 주세요**. 電話番号を教えてください。
② 이메일 주소 좀 **알려 주세요**. Ｅメールのアドレスを知らせてください。
③ 오기 전에 **전화해 주세요**. 来る前に電話してください。

練習5 「-아/어 주세요」をつけてみよう。

（1） 여기서 기다리다　　　　　（2） 집 주소를 알리다

_____　　　　　_____

（3） 메일을 보내다　　　　　　（4） 사진을 찍다

_____　　　　　_____

練習6 例にならって文を完成し、ペアで練習してみよう。

例　A : 민수 씨, 전화번호 좀 <u>가르쳐 주세요</u>. (가르치다)
　　B : 이따가 카톡으로 보낼게요.

（1） A : 이케다 씨, 전화번호 좀 _____ （알리다）
　　 B : 제 전화번호는 090-5213-8949번이에요.
　　　　 私の電話番号は 090-5213-8949 番です。

（2） A : 여기에 주소와 이름을 _____ （쓰다　書く）
　　 B : 네. 그런데 이름은 한자로 써도 돼요?
　　　　 はい。でも名前は漢字で書いてもいいですか。

（3） A : 사진은 메일로 _____ （보내다）
　　 B : 네. 오늘 보낼게요.
　　　　 はい。今日送りますね。

（4） A : 이케다 씨, 사진 좀 _____ （보이다　見せる）
　　 B : 네, 여기 있어요.
　　　　 はい、どうぞ。

話してみよう

会話 A 🔊 16

이케다 : 진우 씨, 전화번호가 어떻게 돼요?
진　우 : 010-6375-2489예요.
이케다 : 기숙사 주소도 좀 가르쳐 주세요.
진　우 : 기숙사 주소는 조금 이따가 카톡으로 보낼게요.

池田：チヌさん、電話番号は何番ですか？
チヌ：010-6375-2489 です。
池田：寮の住所もちょっと教えてください。
チヌ：寮の住所はちょっと後でカカオトークで送りますね。

会話 B 🔊 17

진　우 : 이케다 씨, 혹시 마이클 씨 이메일 주소 알아요?
이케다 : 몰라요. 그런데 오늘 수업 시간에 만나요.
　　　　 물어보고 카톡으로 연락할게요.
진　우 : 그래요? 그럼 꼭 알려 주세요.

チヌ：池田さん、もしかしてマイケルさんのメールアドレス知ってますか？
池田：分かりません。でも今日、授業の時間に会いますよ。
　　　聞いて、カカオトークで連絡しますね。
チヌ：そうですか？　じゃあ、ぜひ知らせてくださいね。

※ 会話 A，会話 B の下線部を、집 주소 (家の住所) / 학교 주소 (学校の住所) / 아르바이트 연락처 (アルバイトの連絡先) などと入れ換えてみよう。

文化紹介

　日本では、スマートフォンのコミュニケーションアプリで LINE（ライン）をよく使いますが、韓国では主に「카카오톡」(カカオトーク/KakaoTalk) を使う人が多いようです。仕様は LINE と同じように無料通話やスタンプの送信が可能です。

　みなさんはメッセージを送る際に、顔文字などをよく使いますか？ここでは、韓国でよく使われる、ハングルの字母を用いたコミュニケーションの例を少し紹介しましょう。例えば、「ㅋㅋ」「ㅎㅎ」は笑う様子を、「ㅠ_ㅠ」「ㅜㅁㅜ」などは泣いている様子を表します。「ㅅㄱ」(수고＝ごくろうさま) や「ㅊㅋ」(축하＝おめでとう) のように子音字母の組み合わせによるものや、「ㅇㅋ」(OK) や「ㄱㄱ」(Go Go) などのように英語由来のものもあります。みなさんもメッセージを送る際に、ハングルを用いてコミュニケーションしてみましょう！

제2과

ロールプレイ

場面1

A：Bさんに電話番号を聞いてください。そして、家の住所も聞いてください。
B：Aさんはあなたの連絡先を聞いています。質問に答えてみましょう。

電話番号	家の住所

場面2

A：Bさんに、池田さんのメールアドレスを聞いてください。
B：Aさんは池田さんのメールアドレスを聞いていますが、あなたは知りません。
　けれども、今日会うことになっているので、その時に聞いてから連絡すると答えてください。

おさらい

*以下の表現を，韓国語で言ってみよう。下線部では、この課で学んだ表現を使ってみよう。

1. じゃあ、私がここにいますね。

　_____

2. 名前は漢字で書いてください。

　_____

3. 映画を見て家に帰ってきました。

　_____

4. 後で連絡してください。

　_____

19

제3과

오늘 점심 뭘로 할까요?

🔊 18

❖ **学習目的**　1. 食堂で注文することができる

　　　　　　　2. 相談してメニューを決めることができる

❖ **学習文法**　−(으)ㄹ까요?, −(으)ㄴ（形容詞・指定詞の現在連体形）, −게

▶この課で学ぶ単語◀

🔊 19　　　　　　　　　　　　　　　　　　　　　🔊 20

창문	窓	슬프다	悲しい 〈으語幹〉
닫다	閉める	달다	甘い
맵다	辛い 〈ㅂ変則〉	소포	小包
부르다	歌う、呼ぶ 〈르変則〉	배	船
벚꽃	桜	빠르다	速い、早い 〈르変則〉
유명하다	有名だ	행복하다	幸せだ
곳	①所、場所、場 ②…か所	점심	昼食、昼
마당	庭、広場	간단하다	簡単だ
넓다 [널따]	広い	보이다	見せる
자르다	切る、切り離す 〈르変則〉	따뜻하다 [따뜨타다]	暖かい、温かい
후배	後輩	드시다	召し上がる
키가 크다	背が高い 〈으語幹〉	덜	①より少なく ②まだ〜ない
		인분	〜人分、〜人前

文化紹介❓

　みなさんは友達と食事に行ったとき、一度にだれかが支払いますか？ それとも平等に割り勘をしますか？ 日本では、割り勘をよく目にしますが、では、食後のコーヒーも？ 韓国ではどのようなスタイルで支払うことが多いか、調べてみましょう。

第3課

3-1 −(으)ㄹ까요? …しましょうか？（相談・問い合わせ） 🔊 21

　用言について、「…しましょうか？」「…でしょうか？」といった〈相談〉や〈問い合わせ〉の意味を表す終止形語尾です。ㄹ語幹の用言では、語幹末のㄹが脱落します。

① 12시에 **시작할까요?** 12時に始めましょうか？
② 창문을 **닫을까요?** 窓を閉めましょうか？
③ 이번 주 토요일에 같이 **놀까요?** 今週の土曜日、一緒に遊びましょうか？

練習1　「−(으)ㄹ까요?」をつけてみよう。

（1）언제（いつ）가다　　　　　（2）커피를 마시다（コーヒーを飲む）

_____　　　　　_____

（3）어디에서 팔다（売る）　　　（4）맵지 않다

_____　　　　　_____

練習2　例にならって「−(으)ㄹ까요?」をつけ、自由に答えてみよう。

例　뭘（何を）주문하다 →　A：뭘 주문할까요?
　　　　　　　　　　　　　B：닭갈비를 주문해요.　タッカルビを注文しましょう。

（1）어디서 만나다 →　　A：
　　　　　　　　　　　　B：

（2）모레 어디서 놀다 →　A：
　　　　　　　　　　　　B：

（3）뭘 선물하다 →　　　A：
　　　　　　　　　　　　B：

（4）누구 노래를 부르다 →　A：
　　　　　　　　　　　　　B：

▶ 어디서 どこで　모레 あさって　선물하다 プレゼントする　누구 誰

3-2 −(으)ㄴ …な…（形容詞・指定詞の現在連体形） 🔊 22

第1課で名詞を説明する（修飾する）動詞・存在詞の現在連体形について学びました。形容詞と指定詞の現在連体形を作るには、語幹に連体形語尾の −(으)ㄴをつけます。ㄹ語幹の用言では、語幹末のㄹが脱落します。

① 벚꽃으로 유명한 곳이에요. 桜で有名なところです。
② 마당이 넓은 집에서 살고 싶어요. 庭の広い家で暮らしたいです。
③ 지나는 어제 긴 머리를 잘랐어요. チナは昨日、長い髪を切りました。
④ 제 후배인 마이클 씨를 소개하겠습니다.
　　私の後輩の（後輩である）マイケルさんを紹介します。

練習3 例にならって現在連体形でつなげてみよう。

例　유명하다 / 배우 → 유명한 배우

（1）키가 크다 / 남자 (男)　　　　（2）좋다 (良い) / 생각 (考え)

_____　　　_____

（3）어렵다 (難しい〈ㅂ変則〉) / 문제 (問題)　（4）슬프다 / 노래

_____　　　_____

練習4 下線部に入る表現を下の [　　] から選び、「−(으)ㄴ」をつけて文を完成させよう。できた文で会話してみよう。

（1）A : 그 사람 어떤 사람이에요?
　　　B : 마음이 _____ 사람이에요.

（2）A : 이걸로 주문할까요?
　　　B : 네, 오늘은 _____ 것을 먹고 싶어요.

（3）A : 이 소포는 배로 보내요?
　　　B : 아뇨, 좀 더 _____ 것으로 보내고 싶어요.

[달다　　빠르다　　넓다]

▶그 사람 その人、彼　어떤 どんな　마음 心　이걸로 これで　것 もの、こと　더 もっと

第3과

3-3 　ー게　…く、…に、…ように（目的・程度）　🔊 23

用言について、後ろに続く動作・状態の〈目的〉や〈結果〉、〈程度〉などを表す表現を作ります。

① 행복하게 살고 싶어요. 幸せに暮らしたいです。
② 어제 친구하고 재미있게 놀았어요. 昨日友達と楽しく遊びました。
③ 좀 더 크게 이야기해 주세요. もう少し大きく話して下さい。

練習5　例にならって「ー게」をつけてみよう（助詞を適宜補い、文末は해요体の過去形で）。

例　티셔츠（Tシャツ）/ 싸다（安い）/ 사다（買う）→ 티셔츠를 싸게 샀어요.

（1）점심 / 간단하다 / 먹다 →

（2）문제 / 어렵다 / 나오다（出る）→

（3）글자（文字）/ 작다（小さい）/ 보이다 →

練習6　例にならって、（　　　）内の単語に「ー게」をつけて会話してみよう。

例　A：눈이 많이 내려요.
　　B：옷을 (따뜻하다 → 따뜻하게) 입고 가세요.

（1）A：이거 민수 씨가 만들었어요?
　　B：네, (맛있다 →　　　　　　　) 드세요.

（2）A：주문하시겠어요?
　　B：순두부찌개 하나 덜 (맵다 →　　　　　　　) 해 주세요.

（3）A：머리 어떻게 해 드릴까요?
　　B：좀 (짧다 →　　　　　　　) 해 주세요.

▶눈 雪　내리다 降る　이거 これ　맛있다 おいしい　드리다 さしあげる　짧다 短い

23

話してみよう

会話 A 🔊 24

진 우: 이케다 씨, 오늘 점심 뭘로 할까요?
이케다: 오늘은 ①일본 음식을 먹고 싶어요.
진 우: 그래요? 그럼 학교 근처에 있는 ②초밥 집에 갈까요?
이케다: 학교 근처에 ②초밥 집이 있어요? 맛은 어때요?
진 우: 유명한 맛집이에요.

チヌ：池田さん、今日の昼ごはん、何にしましょうか？
池田：今日は、和食が食べたいです。
チヌ：そうですか。では、学校近くの寿司屋に行きましょうか？
池田：学校近くに寿司屋がありますか？味はどうですか？
チヌ：有名なおいしいお店ですよ。

※ 上記の①と②を、適当な料理と食堂に入れ換えてみよう（p.25のリストを参照）。

会話 B 🔊 25

진 우: 그럼, 우리 주문할까요?
이케다: 제가 주문할게요. 여기요!
종업원: 네. 주문하시겠어요?
이케다: 여기 ①김치찌개 ②하나하고 떡볶이 1인분(일) 주세요.
진 우: 김치찌개는 안 맵게 해 주세요.

チヌ：では、注文しましょうか？
池田：私が注文しますね。すみません！
店員：はい。何になさいますか？
池田：キムチチゲ一つとトッポッキ一人分下さい。
チヌ：キムチチゲは辛くないようにして下さい。

※ 上記の①と②を、適当なメニューと数量に入れ換えてみよう（p.25のリストを参照）。

文化紹介

　韓国でも「割り勘」はありますが、一人が一度に支払うことも多いです。例えば友人と食事したときに、一人が全員分の会計を済ませ、その後にカフェに行くことになれば、違う人がその際の会計をします。払わなかった人は、次の食事のときに払ったりしながら、その都度、割り勘をしないことがよくあります。また、年上の人と食事をした場合は、年上の人が支払うという光景もよく目にします。そして、自分が年上になったら、今度は自分が部下や後輩におごるという具合に、この支払い方法は続いていくわけです。

제3과

> 場面1

A：ペアの相手と、昼ごはんを食べる場所について相談してみましょう。相手の食べたいものを聞き、それに合わせてお店を勧めてみましょう。
B：ペアの相手と、昼ごはんを食べる場所について相談してみましょう。食べたいものについて述べ、お店を推薦してもらいましょう。

食べ物	일본 음식 日本料理　　한국 음식 韓国料理　　중국 음식 中国料理 라면 ラーメン　　떡볶이 トッポッキ　　자장면 ジャージャー麺
お店 (位置)	일식집 (학교 앞) 日本料理店　　한식당 (지하철역 근처) 韓国料理店 중국집 (이 근처) 中国料理店　　분식 (집 근처) プンシク

> 場面2

A・B：場面1で決めたお店にやってきました。以下のリストを参考に、料理を注文してみましょう。

한식당	불고기 プルコギ　　갈비 カルビ　　김치찌개 キムチチゲ
일식집	초밥 寿司　　회 刺し身　　우동 うどん
중국집	자장면 ジャージャー麺　　탕수육 酢豚　　짬뽕 チャンポン
분식	김밥 のり巻き　　오뎅 おでん　　비빔밥 ビビンバ

── おさらい ──

＊以下の表現を、韓国語で言ってみよう。下線部では、この課で学んだ表現を使ってみよう。

1. このTシャツを<u>買いましょうか</u>？
　_____

2. お昼ご飯、<u>おいしく食べました</u>。
　_____

3. 私がおいしいお店を<u>紹介しましょうか</u>？
　_____

4. その人が本当に<u>長く話しました</u>。
　_____

25

제4과

1호선을 타면 인사동에 가요?

🔊 26

❖ **学習目的**　1. 交通手段について尋ねることができる
　　　　　　　　2. 今いる場所からの道を尋ねることができる

❖ **学習文法**　–(으)면, –아야/어야 되다, –(으)려면

▶この課で学ぶ単語◀

🔊 27　　　　　　　　　　　　　　　　　　　　　　🔊 28

사거리	交差点、十字路	식후 [시쿠]	食後
왼쪽	左、左側	리무진 버스	リムジンバス
돌다	①回る、巡る　②まがる	결과	結果
피곤하다	疲れている、くたびれている	얻다	もらう、得る、持つ
보일러	ボイラー, 暖房	노력(하다) [노려카다]	努力 (する)
일찍	早く	원룸	ワンルーム
시청	市庁	매달	毎月
도착(하다) [도차카다]	到着 (する)	코리안 타운	コリアンタウン
갈아타다	乗り換える	진찰(하다)	診察 (する)
에어컨	クーラー	출발(하다)	出発 (する)
계속	①継続　②引き続き、ずっと	교통 카드	交通カード
걷다	歩く〈ㄷ変則〉	콘서트	コンサート
돌아가다	帰る、帰っていく	박물관 [방물관]	博物館
여권 [여꿘]	パスポート	출구	出口
하루	一日	개찰구	改札口

文化紹介❔

　みなさんも電車やバスに乗るときは交通系ICカードを使っていることでしょう。韓国でも交通系ICカードが普及しているので、1枚持っていると重宝します。韓国の交通機関やICカードの特徴について調べてみましょう。

第4과

| 4-1 | **-(으)면** …すれば、…したら、…すると（条件） | 🔊 29 |

用言について、〈条件〉の意味を表します。ㄹ語幹の用言につける場合、語幹末のㄹは脱落せず、また語尾の으も不要です。

① 5호선을 **타면** 공항에 가요. 5号線に乗れば空港に行きます。

② 저 사거리에서 왼쪽으로 **돌면** 서점이 있어요.

あの交差点で左に曲がると書店があります。

③ 빨리 **가고 싶으면** 택시를 타세요.

早く行きたければタクシーに乗ってください。

| 練習1 | 例にならい、「-(으)면」を使って問い合わせる文を作ってみよう。

| 例 | 날씨가 좋다（天気が良い）/ 여행을 가다（旅行に行く）

→ 날씨가 <u>좋으면</u> 여행을 <u>갈까요</u>?

（1） 피곤하다 / 잠깐 쉬다（少し休む）→

（2） 덥다（暑い〈ㅂ変則〉）/ 보일러를 끄다（消す）→

（3） 수업이 일찍 끝나다（終わる）/ 뭐 하다 →

| 練習2 | 例にならって（　　）内の単語を「-(으)면」でつなぎ、文末を「～してください」の形にしてペアで会話してみよう。

| 例 | A：시청에 <u>도착하면</u> 2호선으로 <u>갈아타세요</u>.

（시청에 도착하다 / 2호선으로 갈아타다）

B：네, 그렇게 할게요.　はい、そうしますね。

（1） A：　　　　　　　　　　　　　　　　　（덥다 / 에어컨을 켜다）

B：네, 그럼 에어컨을 켤게요.

（2） A：　　　　　　　　　　　　　　　　　（서울에 오다 / 연락하다）

B：네, 연락할게요.

（3） A：　　　　　　　　　　　　　　　　（계속 머리가 아프다 / 병원에 가다）

B：네, 그렇게 할게요.

▶ 에어컨 クーラー　켜다 つける　서울 ソウル　아프다 痛い　병원 病院

27

4-2 －아야/어야 되다 …しなければならない（義務） 🔊 30

① 다음 역에서 **갈아타야 돼요**. 次の駅で乗り換えなければなりません。
② 역에서 조금 **걸어야 돼요**. 駅から少し歩かなければなりません。（＜걷다）
③ 10시까지는 **돌아가야 돼요**. 10時までには帰らなければなりません。

＊「되다」のかわりに「하다」を用いることもあります。

　例 다음 역에서 갈아타야 <u>해요</u>.

練習3 例にならって二つの文を「－(으)면」でつなぎ、文末を「－아야/어야 돼요」の形にしてみよう。

　例　계속 아프다 / 약을 먹다 → 계속 아프면 약을 먹어야 돼요.

（1）집에 돌아오다 / 먼저 손을 씻다

（2）눈이 나쁘다 (目が悪い) / 안경을 쓰다 (メガネをかける)

（3）외국에 가고 싶다 / 여권을 만들다

▶ 집 家　외국 外国

練習4 例にならって（　　　）内の表現に「－아야/어야 돼요」をつけ、できあがった文を使って会話してみよう。

　例　A : 주말에 영화 볼까요? (공항에 가다)
　　　B : 미안해요. 공항에 가야 돼요.

（1）A : 외국어를 잘하고 싶어요. 어떻게 해야 돼요? (열심히 공부하다)
　　　B :

（2）A : 이 약은 언제 먹어요? (하루에 세 번 식후에 먹다)
　　　B :

（3）A : 유학을 가고 싶어요. 어떻게 해야 돼요? (自由に)
　　　B :

▶ 미안하다 すまない　외국어 外国語　잘하다 うまくする、上手だ　세 번 3回

第4과

4-3 -(으)려면 …しようとすれば、…するには（条件・仮定） 🔊31

ㄹ語幹の用言につける場合、語幹末のㄹは脱落せず、また語尾の으も不要です。

① 공항에 **가려면** 리무진 버스를 타세요.
　空港に行くには（行こうとするなら）リムジンバスに乗ってください。

② 좋은 결과를 **얻으려면** 노력해야 돼요.
　良い結果を得ようとするなら、努力しなければなりません。

③ 원룸에 **살려면** 매달 50만 원 정도 필요해요.
　　　　　　　　　　　　　오십
　ワンルームに住むには（住もうと思うなら）毎月 50 万ウォンくらい必要です。

練習5 例にならって「-(으)려면」をつなぎ、文を完成してみよう。

　例　일본에서 한국 음식을 (사다 → 사려면) 코리안 타운에 가세요.

（1）돈을 (찾다 → 　　　　　　　　　　) 은행에 가세요.

（2）진찰을 (받다 → 　　　　　　　　　　) 화요일에 병원으로 오세요.

（3）약속 시간에 (도착하다 → 　　　　　　　　　　) 지금 출발해야 해요.

　▶ 돈 お金　찾다 おろす　은행 銀行　화요일 火曜日　약속 約束　시간 時間

練習6 例にならって「-(으)려면」を使った文を作り、ペアで会話してみよう。

　例　버스를 타다 / 교통 카드를 사다
　　A : 버스를 타려면 어떻게 해야 돼요?
　　B : 버스를 타려면 교통 카드를 사야 돼요.

　　　　　　　K-POP
（1）케이팝 가수를 보다 / 콘서트에 가다
　　A : ＿＿＿＿＿＿＿＿＿＿＿＿＿＿＿ 어떻게 해야 돼요?
　　B : ＿＿＿＿＿＿＿＿＿＿＿＿＿＿＿＿＿＿＿

（2）박물관에 가다 / 5번 출구로 나가다
　　A : ＿＿＿＿＿＿＿＿＿＿＿＿＿ 몇 번 출구로 나가야 돼요?
　　B : ＿＿＿＿＿＿＿＿＿＿＿＿＿＿＿＿＿＿＿

29

話してみよう

会話 A 🔊 32

이케다 : 진우 씨, 1(일)호선을 **타면** 인사동에 가요?
진　우 : 아뇨. 3(삼)호선으로 한 번 **갈아타야 돼요**.
이케다 : 어디서 갈아타요?
진　우 : 종로3(삼)가역에서 갈아타세요. 그리고 안국역에서 내리세요.

池田：チヌさん、１号線に乗れば仁寺洞に行きますか？
チヌ：いいえ。３号線に一回乗り換えなければなりません。
池田：どこで乗り換えますか？
チヌ：鍾路３街駅で乗り換えてください。そして、安国駅で降りてください。

会話 B 🔊 33

(지하철 3호선 안국역 개찰구 앞에서)
이케다 : 실례합니다. 인사동에 **가려면** 몇 번 출구로 **나가야 돼요**?
행　인 : 6(육)번 출구로 나가세요.
　　　　그리고 그 길로 쭉 **가면** 왼쪽에 인사동길 입구가 나와요.
이케다 : 감사합니다.

(地下鉄３号線の安国駅の改札口前で)
池　田：すみません、仁寺洞に行くなら何番出口にでなければなりませんか？
通行人：６番出口から出てください。
　　　　そして、その道をまっすぐに行くと左に仁寺洞の入口があります。
池　田：ありがとうございます。

　　韓国の公共交通機関は日本に比べると安く、韓国旅行をする際に利用した人もいるのではないでしょうか。韓国では、T-money（**티머니**）と呼ばれる **교통 카드**（交通カード）が普及していて、これがあると地下鉄やバス等を利用する際に便利ですし、現金で切符を購入するときより運賃が少し安くなります。さらに地下鉄からバスに乗り継ぐとき等にも割引が適用されるのでとてもお得です。みなさんも韓国旅行をする機会があれば、交通カードを使っていろんなところに行ってみましょう。

제4과

場面1

A：下の地図から観光地を一つ選び、Bさんに行き方を聞いてください。
B：Aさんが観光地までの行き方を聞いています。最寄り駅はどこか、その駅までどうやって行くか、教えてあげてください。

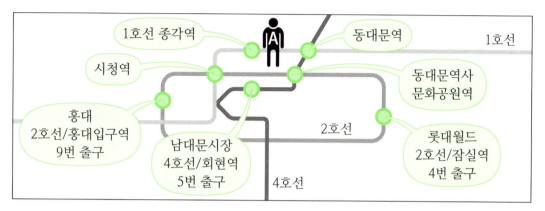

場面2

A：あなたは今、「場面1」で選んだ観光地の最寄り駅にいます。Bさんに、何番出口から出ればよいか、聞いてください。
B：Aさんが駅から観光地までの行き方を聞いています。出口の番号を教えてあげてください。

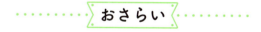

*以下の表現を、韓国語で言ってみよう。下線部では、この課で学んだ表現を使ってみよう。

1. <u>留学しようとするなら</u>、いくらくらい必要ですか？

2. 家族の写真が<u>あったら</u>、ちょっと見せてください。

3. 毎日薬を<u>飲まなければなりません</u>。

4. ここから博物館まで<u>歩かなければなりません</u>。

제5과

한번 신어 봐도 돼요?

🔊 34

❖ **学習目的**　1. 買い物ができる
　　　　　　　2. 自分に合うサイズを要求することができる

❖ **学習文法**　–아/어 보다,　–아도/어도 되다,　–(으)ㄴ데

▶この課で学ぶ単語◀

🔊 35　　　　　　　　　　　　　　　　　　　　🔊 36

태권도 [태꿘도] テコンドー	빌리다　借りる
한복　韓国の伝統衣装	자전거　自転車
천천히　ゆっくり (と)	기타　ギター
운전(하다)　運転 (する)	치다　①打つ、殴る、叩く 　　　②(楽器などを) 鳴らす、打つ、弾く
설명(하다)　説明 (する)	무겁다　重い 〈ㅂ変則〉
참다 [참따]　こらえる、我慢する	그날　その日
예쁘다　きれいだ、可愛い、美しい	햇빛　日の光、日差し
미국　アメリカ、米国	강하다　強い
풀다　①解く、ほどく、解放する 　　　②ほぐす、和らげる	시원하다　①涼しい、さわやかだ 　　　　　②(言動が) はっきりしている
모자　帽子	문법 [문뻡]　文法
게 〈것이の縮約形〉　ことが	발음　発音
말을 걸다　言葉をかける	양　量
들어가다　入る	별로　別に、さほど
켜다　(火、電気製品を) つける	

文化紹介❓

　日本の靴屋さんで、店員に自分が履きたい靴のサイズを言うときの言い方をそのまま韓国の靴屋さんで言った場合、おそらく怪訝な顔をされるでしょう。また、服のサイズも少し言い方が異なります。どう言えばいいでしょうか。調べてみましょう。

제 5 과

5-1 −아/어 보다 …してみる（試み） 🔊 37

① 태권도를 **배워 보세요**. テコンドーを習ってみてください。
② 한복을 **입어 보고** 싶어요. 韓国の伝統衣装を着てみたいです。
③ 천천히 **생각해 볼게요**. ゆっくり考えてみますね。

練習 1 次の動詞に「−아/어　보다」をつけた後、日本語に合うように下の⬭から適切な語尾を選んで活用させてみよう。

（1）**마시다**（飲んでみました）　　　　（2）**운전하다**（運転してみたいです）

（3）**설명하다**（説明してみてください）　（4）**참다**（我慢してみますね）

−(으)세요　　−(으)ㄹ게요　　−고 싶어요　　−았어요/었어요

練習 2 下の⬭から表現を選び、日本語に合うようにBの文を完成させよう。完成した対話をペアで練習してみよう。

（1）A : 이 신발 아주 예뻐요!
　　B : ＿＿＿＿＿＿＿＿＿＿＿＿＿　（一度履いてみてください）

（2）A : 이 문제 어렵지 않아요?
　　B : 제가 ＿＿＿＿＿＿＿＿＿＿＿　（私が一度解いてみますよ）

（3）A : 우리 누나는 미국에서 공부해요.
　　B : 저도 ＿＿＿＿＿＿＿＿＿＿＿　（私も留学してみたいです）

한번 풀다　　　유학을 가다　　　한번 신다

▶ 신발 靴　누나（男性から見て）姉　신다 履く

33

5-2　−아도/어도 되다　…してもよい（許可）　🔊 38

① 저 모자 **써도 돼요**? あの帽子かぶってもいいですか?

② 이 바지 **입어 봐도 돼요**? このズボン、履いてみてもいいですか?

③ 이거 **열어 봐도 돼요**? これ、開けてみてもいいですか?

④ 모르는 게 있으면 **물어봐도 돼요**. 知らないことがあれば聞いてみてもいいです。

練習3　例にならって、(1)(2)は「−아도/어도 돼요?」を、(3)(4)は「−아/어 봐도 돼요?」を使って話してみよう。

例　여기 / 앉다 (ここ、座る)

→ 여기에 앉아도 돼요? / 여기에 앉아 봐도 돼요?

(1) 메일 / 보내다 (メール、送る)　　(2) 말 / 걸다 (言葉、かける)

(3) 안 / 들어가다 (中、入る)　　(4) 라디오 / 켜다 (ラジオ、つける)

練習4　日本語に合うように、語群①〜③からそれぞれ単語を選んで文をつくり、ペアで会話してみよう。

例　A : 이 셔츠 입어 봐도 돼요?　　(このシャツ、着てみてもいいですか)
　　B : 네, 괜찮아요.　　(はい、いいですよ)

(1) A :　　　　　　　　　　　　(あの自転車に乗ってみてもいいですか)
　　B : 네, 타도 돼요.　　(ええ、乗ってもいいですよ)

(2) A :　　　　　　　　　　　　(ここでギター、弾いてもいいですか)
　　B : 안 돼요.

(3) A :　　　　　　　　　　　　(あとでこの歌、聴いてみてもいいですか)
　　B : 네, CD를 빌려줄게요.

(4) A :　　　　　　　　　　　　(このジュース、飲んでもいいですか)
　　B : 네, 드세요.

語群①	語群②	語群③
이, 이따가, 저, 여기서, 어	주스, 이 노래, 자전거, 셔츠, 기타	치다, 마시다, 입다, 타다, 듣다

第5課

5-3 −(으)ㄴ데　…ですが、…なのに（婉曲・逆接）　🔊 39

　形容詞や指定詞について、「…ですが、…なのに」といった〈婉曲・逆接〉の表現を作ります。ㄹ語幹の用言につく際には、語幹末のㄹが脱落します。

① 지금 좀 **바쁜데** 이따가 얘기할까요?　今少し忙しいんですが、後で話しましょうか？
② 이건 좀 **작은데** 좀 더 큰 걸로 주세요.
　　これは少し小さいんですけど、もう少し大きいのをください。
③ 얘기가 좀 **긴데** 시간 괜찮으세요?　話が少し長いですが、時間大丈夫でしょうか。

練習5　例にならって「−(으)ㄴ데」をつけてみよう。

　例　지금 바쁘다　⇒　지금 **바쁜데**

（1）싫다（嫌だ）　　（2）나쁘다　　　（3）그날이 아니다（その日ではない）

（4）무겁다　　　（5）멀다（遠い）　　（6）대학생이다（大学生である）

練習6　例にならって「−(으)ㄴ데」で文をつなぎ、ペアで練習してみよう。

　例　A：오늘 날씨 어때요?
　　　　B：**햇빛은 강한데 바람은 시원해요.**（日差しは強いですけど、風は涼しいです）
　　　　　（햇빛은 강하다 / 바람은 시원하다）

（1）A：한국어 어때요?
　　　B：　　　　　　　　　　　　　　　　（문법은 쉽다 / 발음이 어렵다）

（2）A：이 꽃으로 할까요?
　　　B：　　　　　　　　　　　　　　　　（그 꽃은 예쁘다 / 너무 비싸다）

（3）A：학교 앞 식당 어때요?（学校の前の食堂どうですか）
　　　B：　　　　　　　　　　　　　　　　（양이 많다 / 맛은 별로이다）

　▶ 쉽다 易しい〈ㅂ変則〉　꽃 花　비싸다（値段が）高い　너무 とても　많다 多い

35

話してみよう

会話 A

(신발 가게에서)

이케다 : 이 구두, 230(이백삼십) 있어요?
종업원 : 네. 잠깐만요. … 여기 있어요.
이케다 : 한번 신어 봐도 돼요?
종업원 : 네. 신어 보세요.
이케다 : 좀 작은데 235(이백삼십오) 있어요?

(靴屋で)
池田：この靴、23、ありますか？
店員：はい。少々お待ちくださいませ。……こちらです。
池田：一回、履いてみてもいいですか。
店人：はい。履いてみてください。
池田：少し小さいですけど、23.5 ありますか？

会話 B

(옷 가게에서)

이케다 : 이 옷, 한번 입어 봐도 돼요?
종업원 : 네. 이쪽에서 입어 보세요.
이케다 : 좀 큰데 이것보다 작은 거 없어요?
종업원 : 잠깐만요. … 여기 있어요.

(服屋で)
池田：この服、一回、着てみてもいいですか。
店員：はい。こちらで着てみてください。
池田：少し大きいですが、これより小さいのありませんか？
店員：ちょっと待ってください。……はい、どうぞ。

文化紹介

　日本で履いている靴のサイズが25.5センチだったとしましょう。そのサイズの靴を韓国の靴屋さんで探す場合、桁が一つ増えて255（이백오십오）と言います。ですので、日本でのサイズの言い方でそのまま言ったら小さすぎますね。では、服の場合はどうでしょうか。日本ではS、M、L、XL…と言いますが、韓国では、**스몰**（スモール）、**미디엄**（ミディアム）、**라지**（ラージ）、**엑스라지**（エックスラージ）…と言います。

제 5과

ロールプレイ

場面1

A：靴屋さんに靴を買いに来ました。気に入った靴があったので、自分のサイズを出してもらいました。一度履いてみましたが、ちょっと大きいようです。少し小さいサイズの靴も見せてもらいましょう。

B：あなたは靴屋の店員さんです。サイズについて、お客さんのいろいろな要望に応えてみましょう。

場面2

A：いつもの服屋さんに服を買いに来ました。気に入った服のサイズを店員さんに確認してみましょう。少し小さいようです。それよりも大きいものがないか、聞いてみましょう。

B：あなたは服屋の店員さんです。サイズについて、お客さんのいろいろな要望に応えてみましょう。

おさらい

＊以下の表現を、韓国語で言ってみよう。下線部では、この課で学んだ表現を使ってみよう。

1. 今<u>話してもいいですか</u>？

　_____

2. 一緒に<u>行ってみましょうか</u>？

　_____

3. 一度<u>履いてみたいんですけど</u>、大丈夫ですか？

　_____

4. 味は<u>いいんですが</u>、量が少ないです。

　_____

제6과

명동에 같이 갈래요?

🔊 42

❖ **学習目的**　1. 相手に提案することができる
　　　　　　　2. 相手の提案を受け入れたり、断ったりすることができる

❖ **学習文法**　–(으)ㄹ래요,　–(으)니까,　–지만

▶ この課で学ぶ単語 ◀

🔊 43　　　　　　　　　　　　　　　　　　　🔊 44

도와주다　助けてあげる、手伝う	화장품　化粧品
계획　計画	뜨겁다　熱い〈ㅂ変則〉
바꾸다　①交換する、両替する　②変更する、変える	안내(하다)　案内(する)
팥빙수　カキ氷、パッピンス	편하다　①安らかだ、気楽だ、楽だ　②便利だ
문자 [문짜]　①文字　②携帯のメール	불다　吹く
진짜　本物、本当	질 질　質
가져가다　持っていく、移す	스키　スキー
피자　ピザ	무섭다　恐ろしい、怖い〈ㅂ変則〉
다르다　異なっている、違う、別だ〈르変則〉	살　肉、肌
좁다　狭い	살이 빠지다　痩せる、肉がおちる
가깝다　近い〈ㅂ変則〉	가끔　たまに、時たま、時々
걸어가다　歩いていく	특별하다　特別だ
밝다 [박따]　明るい	꼭　必ず、きっと、ぜひ
색　色	

文化紹介❔

　みなさんもインターネットでショッピングを楽しむと思いますが、欲しいものを実際に買いに行くとしたら、どこに行きますか？　○○を買うならやっぱりここ、という場所があるのではないでしょうか。韓国で○○といえばここ、というような場所を調べてみましょう。

第6과

6-1 -(으)ㄹ래요(?)　…しますね、…しますか？（意志）　🔊 45

平叙文では自分の行為に関する〈意志〉を表す場合に、疑問文では相手の〈意志〉を尋ねる場合に用いられます。ㄹ語幹の用言につく際には、語幹末のㄹが脱落します。

① 같이 영화 **볼래요**? 一緒に映画見ましょうか？
② 이 책 한번 **읽어 볼래요**? この本、一度読んでみますか？
③ 저는 기숙사에서 **살래요**. 私は寮で暮らしますよ。
④ 떡볶이 같이 **안 먹을래요**? トッポッキ一緒に食べませんか？

練習1 例にならって「-(으)ㄹ래요」をつけてみよう。

例　부탁해요 → 부탁할래요

（1）아르바이트를 해요 →　　　　　　　　（2）도와줘요 →

（3）가방을 사요 →　　　　　　　　　　　（4）계획을 바꿔요 →

▶ 가방 カバン

練習2 （　　　　）内の単語に「-(으)ㄹ래요?」をつけて書き換え、会話してみよう。

（1）A：팥빙수를 시켰어요. 같이（먹다 →　　　　　　　　　）?
　　 B：네. 저도 먹고 싶었어요.

（2）A：지나 씨 핸드폰 번호를 문자로（보내 주다 →　　　　　　　　）?
　　 B：네, 이따가 보낼게요.

（3）A：이 노래 들어 봤어요?
　　 B：진짜 좋아요. 같이（들어 보다 →　　　　　　　　）?

（4）A：○○ 씨, 주말에 시간 있어요?
　　 B：네, 있어요.
　　 A：그럼 ＿＿＿＿＿＿＿＿＿＿＿＿＿＿＿＿＿＿＿＿（自由に）

▶ 시키다 注文する、させる　핸드폰 携帯電話　번호 番号

39

6-2 -(으)니까 …から、…ので (理由) 🔊 46

ㄹ語幹の用言につく際には、語幹末のㄹが脱落します。

① 지금 비가 **오니까** 우산을 가져가세요.
　　今、雨が降っているから傘を持って行って下さい。

② 피자는 어제 **먹었으니까** 오늘은 다른 거 먹어요.
　　ピザは昨日食べたから今日は他のもの食べましょう。

③ 지금 저녁을 **만드니까** 조금만 기다려 주세요.
　　今、夕飯を作っているので少し待って下さい。

練習3　下線部に「-(으)니까」をつけて、右から適当な表現を選び文を完成させよう。

（1）길이 좁아요　　　　・　　　　・걸어가요.

（2）봄이에요　　　　　・　　　　・운전 조심하세요.

（3）가까워요　　　　　・　　　　・빨리 자요.

（4）일찍 일어나야 해요 ・　　　　・밝은 색으로 해요.

▶길 道　봄 春　조심하다 気をつける　일어나다 起きる

練習4　（　　）内の日本語を韓国語に替えて、Aの文を完成させよう。できた文で会話練習をしてみよう。

（1）A : 저 가게보다 ＿＿＿＿＿＿ 화장품은 여기서 살까요?
　　　　　　　　　　　（安いから）

　　　B : 네, 그렇게 해요.

（2）A : ＿＿＿＿＿＿ 천천히 드세요.
　　　　　（熱いから）

　　　B : 네, 알겠습니다.

（3）A : 거기는 제가 잘 ＿＿＿＿＿＿ 제가 안내할게요.
　　　　　　　　　　　　　（知っているので）

　　　B : 그럼, 부탁할게요.

▶가게 店　거기 そこ

제6과

6-3 -지만   …けど、…だが（逆接） 🔊 47

① 지하철은 **편하지만** 사람이 너무 많아요.
　　地下鉄は便利ですが、人がとても多いです。

② 한국어는 **어렵지만** 재미있어요.
　　韓国語は難しいけど、面白いです。

③ 바람이 **불지만** 날씨는 좋아요.
　　風が吹いていますが、天気は良いです。

練習5　例にならって、「-지만」をつけて２つの事柄をつなげてみよう。文末は해요体にしよう。

例　싸다 / 질이 좋다 ⇒ <u>싸지만</u> 질이 <u>좋아요</u>. 安いけど質が良いです。

（1）스키를 타 보고 싶다 / 무섭다 ⇒

（2）집에서 멀다 / 자주 오다 ⇒

（3）많이 운동했다 / 살이 안 빠지다 ⇒

▶ 운동하다 運動する

練習6　下線部に入る表現を下の◯◯から選び、「-지만」をつけて文を完成させよう。できた文で会話練習をしてみよう。

（1）A : 지금 시간 괜찮아요?
　　B : 미안해요. ＿＿＿＿＿＿＿＿＿ 오후에는 괜찮을 거예요.

（2）A : 이 문제 좀 가르쳐 줄래요?
　　B : ＿＿＿＿＿＿＿＿＿ 저도 잘 모르겠어요.

（3）A : 노래방에는 자주 가세요?
　　B : 노래는 ＿＿＿＿＿＿＿＿＿ 가끔 가요.

┌─────────────────────────────┐
│　미안하다　　지금은 바쁘다　　못하다　│
└─────────────────────────────┘

▶ 오후 午後　노래방 カラオケ　자주 よく、しばしば　못하다 できない、下手だ

41

話してみよう

会話 A

이케다：진우 씨, 이번 주말에 약속 있어요?
진　우：특별한 계획은 없어요. 왜요?
이케다：그럼 우리 같이 명동에 갈래요?
진　우：좋아요. 가방도 사야 하니까 같이 가요.

池田：チヌさん、今度の週末、約束ありますか?
チヌ：特に計画はありません。なぜですか?
池田：では、一緒に明洞に行きませんか?
チヌ：いいですよ。カバンも買わなければいけないので一緒に行きましょう。

会話 B

이케다：마이클 씨, 진우 씨하고 명동에 갈 거예요. 같이 안 갈래요?
마이클：언제 가요?
이케다：이번 주말에 갈 거예요.
마이클：미안해요. 같이 가고 싶지만 주말에 아르바이트가 있어요.
이케다：그래요? 그럼 다음에는 꼭 같이 가요.

池　　田：マイケルさん、チヌさんと明洞に行くつもりです。
　　　　　一緒に行きませんか?
マイケル：いつ行きますか?
池　　田：今週末に行くつもりです。
マイケル：ごめんなさい。一緒に行きたいですが、<u>週末にアルバイトがあります</u>。
池　　田：そうですか。じゃあ次はぜひ一緒に行きましょう。

※ 下線部を他の理由に入れ替えてみよう。

文化紹介

　日本で家電製品を販売しているところといえば、秋葉原が思い浮かぶことが多いのではないでしょうか。韓国でもパソコンやオーディオをはじめ、さまざまな家電製品を取り扱うお店がひしめいているところといえば、**용산전자상가**（龍山電子商街）がまず挙がります。家電製品以外に例えばファッションといえば、**명동**（明洞）や**동대문시장**（東大門市場）が有名です。他にも釜山にある**보수동**（寶水洞）などは神保町のような古本屋街として有名です。これら以外に「韓国で○○といえばここ」、みなさんが調べたところにはどこがありましたか？

제6과

場面1

A：あなたの趣味は何でしょうか。他の人と一緒にできる活動を考え、Bさんを誘ってみましょう。いつ行うかも考え、誘う前に予定が空いているか確認してみましょう。

B：Aさんが予定を聞いてきました。ちょうどその日は空いています。Aさんの提案を聞き、誘いに乗ってみましょう。

場面2

A：あなたは友達と出かける予定があります。Bさんも誘ってみましょう。行き先と、いつ行くかを考えて、Bさんを誘ってください。

B：Aさんが一緒に出かけないかと誘ってくれました。いつ行くかを確認してみましたが、残念ながらその日は行けない日です。行きたいけれど、行けない理由を言って、Aさんの誘いを断りましょう。

おさらい

＊以下の表現を、韓国語で言ってみよう。下線部では、この課で学んだ表現を使ってみよう。

1. 地下鉄が楽ですから、地下鉄に乗って行きますね。

2. 今は時間がないから、明日読んでみます。

3. 雨が降っていますが、人が多いです。

4. 約束があるのでお先に失礼します（先に行きますね）。

제 7과

가르친 경험이 있어서 괜찮아요.

- **学習目的**　1. 久しぶりに会う相手と挨拶を交わすことができる
　　　　　　2. 近況について尋ねたり、答えたりすることができる

- **学習文法**　-아서/어서, -거든요, -(으)ㄴ (動詞の過去連体形)

▶この課で学ぶ単語◀

늦다　遅れる、遅い	감기(에) 걸리다　風邪をひく
하루 종일　一日中	남다　残る、余る
그냥　そのまま、ただ	선택(하다)　選択(する)
모이다　集まる、たまる	마음에 들다　気に入る
이제　①今　②もうすぐ　③もう、すでに	잃어버리다 [이러버리다]　失う、なくす
외우다　覚える、暗記する、暗誦する	최근　最近
이렇게　このように	오랜만〈오래간만の縮約形〉　久しぶり
길이 막히다 [마키다]　道が混む	그동안　①その間　②その後
시험에 붙다　試験に合格する、受かる	지내다　①過ごす、暮らす 　　　　②(仲良く)交わる、付き合う
건강하다　健康だ	덕분에　おかげで、恩恵
예약(하다)　予約(する)	한국어능력시험 [한구거능녁씨험] 　　　　韓国語能力試験
포기(하다)　放棄(する)、諦める	과외　家庭教師
고향　故郷	수학　数学
다치다　怪我をする	전　前
같다　①等しい、同じだ　②〜のようだ	경험　経験

　韓国も日本の大学生のように就職活動をしますが、自分の希望する企業に就職するために在学中から自分の能力を磨いたり資格を取る等、ストイックに準備をします。韓国の大学生たちの就職活動（時期、スペック…）について調べてみましょう。

第7과

7-1 **－아서/어서** …して、…くて、…ので（原因・理由） 🔊53

① **늦어서** 미안해요. 遅れてすみません。

② 숙제가 **많아서** 늦게 잤어요. 宿題が多くて遅く寝ました。

③ 하루 종일 **운전해서** 피곤해요. 一日中運転して疲れています。

④ 저도 같이 가고 싶은데 일이 **있어서요**.
　　私も一緒に行きたいですが用事がありますので…。

練習1 （　　　　）の表現に「－아서/어서」をつけて、2つの事柄をつなげてみよう。

（1）가게가 문을（닫다 →　　　　　　）그냥 돌아왔어요.

（2）할아버지（생일이다 →　　　　　　）가족이 다 모였어요.

（3）너무（덥다 →　　　　　　）하루 종일 집에 있었어요.

（4）많이（듣다 →　　　　　　）이제는 다 외웠어요.

　▶문 門、ドア　할아버지 おじいさん　생일 誕生日　가족 家族　다 全て、みな

練習2 （　　　　）内の文に「－아서/어서」を付けて文をつなぎ、会話してみよう。

（1）A : 왜 이렇게 늦었어요?（비가 많이 옵니다）
　　B : ＿＿＿＿＿＿＿＿＿ 길이 막혔어요.

（2）A : 무슨 일 있어요?（친구하고 싸웁니다）
　　B : ＿＿＿＿＿＿＿＿＿ 기분이 안 좋아요.

（3）A : 무슨 좋은 일 있어요?（시험에 붙습니다）
　　B : ＿＿＿＿＿＿＿＿＿ 기분이 좋아요.

　▶무슨 何の、何かの　싸우다 ケンカする　기분 気分

45

7-2 −거든요 …んですよ、するものですから（説明） ◀)) 54

用言について、〈説明の根拠〉や〈前提〉を表します。

① 저는 누구보다도 건강해요. 매일 **운동하거든요.**
　 私は誰よりも健康です。毎日、運動しているんですよ。

② 콘서트 예약하는 거, 진짜 **힘들거든요.** 그래서 포기했어요.
　 コンサート予約するの、本当に難しいんです。それであきらめました。

③ A : 회 좋아해요? 刺身、好きですか。
　 B : 네. 부산이 제 **고향이거든요.** はい。釜山が私の故郷なんです。

練習3 次の表現に「−거든요」をつけてみよう。

（1）싫어해요 →

（2）정말이에요 →

（3）다쳤어요 →

（4）달랐어요 →

▶ 정말 本当に、誠に

練習4 例にならって適切な文を選び、「−거든요」をつけてペアで会話してみよう。

例 A : 지나 씨, 도와줄래요?
　 B : 미안해요. 지금 좀 바쁘거든요.

（1）A : 오후 수업 안 들어요?
　 B : 네, ＿＿＿＿＿＿＿＿＿＿＿＿＿＿＿＿

（2）A : 지나 씨 잘 알아요?
　 B : 네, ＿＿＿＿＿＿＿＿＿＿＿＿＿＿＿＿

（3）A : 오늘 같이 안 가요?
　 B : 미안해요. ＿＿＿＿＿＿＿＿＿＿＿＿＿＿

같은 학교를 나왔다	내일 시험이 있다
지금 좀 바쁘다	감기에 걸려서 좀 힘들다

제7과

7-3 −(으)ㄴ …した…（動詞の過去連体形） 🔊 55

ㄹ語幹の用言につく際には、語幹末のㄹが脱落します。

① 우산을 **쓴** 사람이 몇 명 보였어요. 傘を差した人が何人か見えました。
② 이제 **남은** 것은 선택뿐이에요. 今や残ったのは選択だけです。
③ 마음에 **든** 게 있으면 얘기하세요. 気に入ったものがあれば話してください。

練習5 例にならって、文を過去連体形に直してみよう。

例 옷을 샀어요. ⇒ 산 옷

（1）선물을 받았어요. ⇒ 　　　　　　　（2）핸드폰을 잃어버렸어요. ⇒

（3）신발을 벗었어요. ⇒ 　　　　　　　（4）다리를 다쳤어요. ⇒

▶ 벗다 脱ぐ 다리 脚、足

練習6 例にならってAに適切な文を選び、過去連体形の文にしてみよう。
また、Bにその問いの答えを書いてペアで会話してみよう。

例 A：고등학교에서 배운 외국어가 뭐예요?
B：영어예요.

（1）A：＿＿＿＿＿＿＿＿＿＿＿＿＿＿＿＿＿ 사람이 누구예요?
B：＿＿＿＿＿＿＿＿＿＿＿＿＿＿＿＿＿

（2）A：＿＿＿＿＿＿＿＿＿＿＿＿＿＿＿＿＿ 책이 뭐예요?
B：＿＿＿＿＿＿＿＿＿＿＿＿＿＿＿＿＿

（3）A：＿＿＿＿＿＿＿＿＿＿＿＿＿＿＿＿＿ 노래가 뭐예요?
B：＿＿＿＿＿＿＿＿＿＿＿＿＿＿＿＿＿

고등학교에서 배우다	최근에 듣다
아침에 만나다	지난주에 읽다

▶ 고등학교 高等学校 영어 英語 아침 朝、朝食 지난주 先週

47

話してみよう

会話 A

이케다: 진우 씨! 정말 오랜만이에요. 그동안 잘 지냈어요?
진 우: 네, 덕분에 잘 지냈어요.
　　　　이케다 씨는 어떻게 지냈어요?
이케다: 좀 바빴어요. 지난주에 한국어능력시험이 있었거든요.
진 우: 그래요? 시험은 잘 봤어요?

池田：チヌさん！ 本当に久しぶりですね。その間元気にしてましたか？
チヌ：ええ、おかげさまで元気にしてました。
　　　池田さんはどうしてましたか？
池田：ちょっと忙しかったです。先週韓国語能力試験があったんですよ。
チヌ：そうですか。試験はよくできましたか？

会話 B

이케다: 그동안 어떻게 지냈어요?
진 우: 좀 바쁘게 지냈어요. 아르바이트를 시작했거든요.
이케다: 무슨 아르바이트예요?
진 우: 과외예요. 고등학생인데 영어하고 수학을 가르쳐요.
이케다: 힘들지 않아요?
진 우: 전에 가르친 경험이 있어서 괜찮아요.

池田：その間どうしてましたか？
チヌ：少し忙しく過ごしていました。アルバイトを始めたんです。
池田：何のアルバイトですか？
チヌ：家庭教師です。高校生なんですけど、英語と数学を教えています。
池田：大変じゃないですか？
チヌ：前に教えた経験があるので、大丈夫です。

제7과

場面1

A：友達のＢさんに久しぶりに会いました。どのように過ごしていたか尋ねてみましょう。また、自分の近況についても言ってみましょう。

B：長いこと連絡できていなかった友達のＡさんに久しぶりに会いました。Ａさんの近況について聞いてみましょう。

場面2

A：友達のＢさんに久しぶりに会いました。近況について尋ねてみましょう。

B：友達のＡさんが近況について尋ねています。最近新しく始めたアルバイトについて言ってみましょう。

おさらい

＊以下の表現を、韓国語で言ってみよう。下線部では、この課で学んだ表現を使ってみよう。

1. 疲れて早く寝ました。

2. 高すぎて買いませんでした。

3. コンサート予約した人誰ですか？

4. 私もその歌手好きだったんですよ。

제8과

감기 걸린 것 같아요.

🔊 58

- **学習目的**　1. 自分の病状を説明することができる
　　　　　　2. 薬剤師からの指示や説明を聞いて理解することができる

- **学習文法**　-(으)ㄴ 것 같다, -는데, -지 말다

▶ この課で学ぶ単語 ◀

🔊 59　　　　　　　　　　　　　　　　　　　　　　　　🔊 60

새벽　夜明け、明け方、未明	보고서　報告書
자신　自信	걱정(하다)　心配(する)
사실　事実、実際	남기다　残す
배탈이 나다　腹を壊す、腹痛を起こす	목　喉、首
혼자(서)　一人(で)、単独で	기침(하다)　咳(をする)
낫다　治る〈ㅅ変則〉	재다　①量る、測る　②推し量る、察してみる
열　熱	-도　〜度
나다　出る	후　後
-만　…ぶり、…目、…だった後	설사(하다)　下痢(をする)
질문(하다)　質問(する)	삼겹살　三枚肉、ばら肉
글쎄요　さあ…、そうですね	죽　粥
약국　薬局、薬屋	토하다　吐く
마감　締め切り	콧물이 나다　鼻水が出る

　みなさんは風邪にかかって咳が出るときや軽い火傷をしたとき、薬以外でどのような対処をしますか？　症状がひどくなければ自分でなんとかすることがあると思いますが、韓国にもいわゆる民間療法があります。どのような時にどう対処するのか調べてみましょう。

제8과

8-1 −(으)ㄴ 것 같다 …したようだ（推測） 🔊 61

　用言について、過去に起こった事柄を〈推測〉する表現です。ㄹ語幹の用言につく際には、語幹末のㄹが脱落します。

① 새벽에 비가 **온 것 같아요**. 早朝に雨が降ったようです。
② 지나는 이제 자신을 **얻은 것 같아요**. チナはもう自信を得たようです。
③ 그 사람도 그 사실을 **안 것 같아요**. 彼もその事実を知ったようです。

練習1 下線部の表現を「−(으)ㄴ 것 같아요」を使って書き換えてみよう。

（1）수업이 끝나요　　　　→

（2）혼자서 울어요　　　　→

（3）배탈이 나요　　　　　→

（4）선생님은 교실에 계세요 →

> ▶끝나다 終わる　울다 泣く　선생님 先生　교실 教室　계시다 いらっしゃる

練習2 （　　　）の表現に「−(으)ㄴ 것 같아요」を付け、できあがった文を使って会話してみよう。

（1）A :　　　　　　　　　　　　　　　　　　　（감기에 걸리다）
　　　B : 그럼 이 약을 드세요.

（2）A :　　　　　　　　　　　　　　　　　　　（다 낫다）
　　　B : 그래도 오늘은 집에서 쉬세요.

（3）A :　　　　　　　　　　　　　　　　　　　（열이 내리다）
　　　B : 이제 학교에 가도 돼요.

51

8-2 −는데 …するんですが、…するのに（婉曲） 🔊 62

　動詞や存在詞について、「…するんですが、…するのに」といった〈婉曲〉の表現を作ります。
ㄹ語幹の用言につく際には、語幹末のㄹが脱落します。過去の表現につく際には、品詞を問わ
ず−는데がつきます。

① 지금 시장 **가는데** 뭐 필요한 거 있어요?
　　今市場に行くんですが、何か必要なものありますか？

② 텔레비전을 보고 **있는데** 전화가 왔어요.
　　テレビを見ているんですが、電話が来ました。

③ 1년 만에 **만났는데** 어디 가서 차라도 한잔 할까요?
　　1年ぶりに会ったんだから、どこかに行ってお茶でも一杯飲みませんか？

④ 죄송하지만 질문이 하나 **있는데요**.　すみませんが、質問が一つあるんですけど。

練習3　次の表現に「−는데(요)」を付けてみよう。

（1）열이 (나다 → 　　　　　) 손이 차요.　（2）마음에 (들다 → 　　　　　) 좀 커요.

（3）집에서 (쉬다 → 　　　　　) 손님이 왔어요.

（4）글쎄요, 잘 (모르다 → 　　　　　).　　　　▶ 차다 冷たい　손님 お客さん

練習4　下の◻️◻️◻️から適切な文を選んで「−는데」を付け、できあがった文を使って会
話してみよう。

（1）A :＿＿＿＿＿＿＿＿＿＿＿＿＿＿＿ 혹시 근처에 약국이 있어요?
　　 B : 약국은 역 앞에 있어요.

（2）A :＿＿＿＿＿＿＿＿＿＿＿＿＿＿＿ 아직도 몸이 아파요.
　　 B : 병원에 한번 가 보세요.

（3）A :＿＿＿＿＿＿＿＿＿＿＿＿＿＿＿ 마감이 언제예요?
　　 B : 다음 주 화요일까지예요.

┌─────────────────────────────────────┐
│ 어제 약을 먹었다　　아침부터 열이 나다　　보고서를 제출해야 되다 │
└─────────────────────────────────────┘

▶ 아직 まだ　몸 体　화요일 火曜日　제출하다 提出する

52

第8課

8-3 　－지 말다　…しない（禁止）　🔊 63

　動詞や存在詞について、「…しない」といった否定の表現を作りますが、主に命令文で〈禁止〉の意味で用いられます。特に、－(으)세요をつけた「－지 마세요」の形で、「…しないでください」という丁寧な〈禁止〉の表現がよく用いられます。また「－지 말고」の形で「…しないで〜」という意味になります。

① 너무 걱정하지 마세요. あまり心配しないでください。
② 여기에서는 사진을 찍지 마세요. ここでは写真を撮らないでください。
③ 울지 말고 천천히 얘기해 보세요. 泣かないでゆっくり話してみてください。

練習5　次の表現に「－지 마세요」を付けてみよう。

（1）열이 나니까 (운동해요 → 　　　　　　　　)

（2）친구하고 (싸워요 → 　　　　　　　　)

（3）아직 모르니까 (예약해요 → 　　　　　　　　)

（4）술을 마셨으니까 (운전해요 → 　　　　　　　　)　　　　▶술 酒

練習6　下の　　　から表現を選び、指定された語尾を付けてBの文を完成させよう。完成した対話をペアで練習してみよう。

（1）A：바람이 많이 불어요.
　　　B：그럼 ＿＿＿＿＿＿＿＿＿＿＿. (－지 마세요)

（2）A：늦어서 미안해요.
　　　B：다음부터는 ＿＿＿＿＿＿＿＿＿＿. (－지 마세요)

（3）A：이거 다 먹어야 돼요?
　　　B：＿＿＿＿＿＿＿＿＿＿다 먹어야 돼요. (－지 말고)

| 늦다　　　하나도 남기다　　　창문을 열다 |

話してみよう

会話 A 🔊 64

(약국에서)

약　　사 : 어떻게 오셨습니까?
이케다 : 감기 걸린 것 같아요.
약　　사 : 어떻게 아프세요?
이케다 : 목이 아프고 기침을 해요.
약　　사 : 열도 납니까?
이케다 : 아침에 열을 쟀는데 38.5 도였어요.
　　　　　　　　　　　　　　(삼십팔 점 오)
약　　사 : 그럼 이 약을 드세요. 하루에 세 번, 식사 후에 드세요.

(薬局で)

薬剤師 : どうされましたか?
池　田 : 風邪を引いたようです。
薬剤師 : どう痛みますか?
池　田 : 喉が痛くて咳が出ます。
薬剤師 : 熱もありますか?
池　田 : 朝熱を計ったんですが 38.5 度でした。
薬剤師 : ではこの薬を飲んでください。1日に3回、食事の後に飲んでください。

会話 B 🔊 65

약　　사 : 어떻게 오셨습니까?
이케다 : 배탈이 난 것 같아요. 배가 아프고 설사를 해요.
약　　사 : 어제 저녁에 뭘 드셨어요?
이케다 : 삼겹살을 먹었어요.
약　　사 : 그럼 이 약을 드세요.
이케다 : 밥을 먹어도 돼요?
약　　사 : 아뇨, 오늘은 밥을 드시지 말고 죽을 드세요.

薬剤師 : どうされましたか?
池　田 : 食あたりのようです。お腹が痛くて下痢をしています。
薬剤師 : 昨日の夜に何を召し上がりましたか?
池　田 : サムギョプサルを食べました。
薬剤師 : じゃあ、この薬をお飲みください。
池　田 : ご飯を食べてもいいですか?
薬剤師 : いえ、今日はご飯を食べずに、おかゆを食べてください。

※ 下線部を、콧물이 나다, 머리가 아프다, 토하다 などと入れ換えてみよう。

제 8 과

場面 1

A：あなたは風邪を引いてしまいました。鼻水がたくさん出ます。まずは薬局に行って相談してみましょう。

B：あなたは薬局に勤める薬剤師です。今日は風邪を引いたというお客さんが来ました。症状を聞いて、風邪によく効く薬を勧めましょう。薬は朝と寝る前、1日2回飲む薬です。

場面 2

A：お腹が痛くてたまりません。きっと昨夜食べたものが原因だと思われます。いつもの薬局に行って相談してみましょう。

B：あなたは薬局に勤める薬剤師です。今日は食あたりだというお客さんが来ました。症状を聞いて、昨晩何を食べたか尋ねてみましょう。その上で、薬を勧めてください。

おさらい

＊以下の表現を、韓国語で言ってみよう。下線部では、この課で学んだ表現を使ってみよう。

1. 電話が<u>来たようです</u>。

2. 全部<u>食べないで</u>少し残してください。

3. 10年ぶりに日本に<u>来たんですけど</u>。

4. ここ<u>座らないでください</u>。

제9과

핸드폰을 찾으러 왔는데요.

🔊 66

❖ **学習目的**　1. 持ち物について説明することができる
　　　　　　　2. 落とし物・忘れ物などのトラブルに対応できる

❖ **学習文法**　 –(으)러, –아/어 있다, –네요

▶この課で学ぶ単語◀

🔊 67

유원지	遊園地
케이크	ケーキ
깎다	①削る、むく　②値引きする
새로	新たに
생기다	生じる、できる
눕다	横たわる〈ㅂ変則〉
지갑	財布
떨어지다	①落ちる　②離れる
벌써	既に、もう
큰일	重大なこと、大変なこと
비슷하다 [비스타다]	似ている
잘되다	①よくできる ②うまくいく、成功する
무척	とても、非常に
다행	幸運、幸い、幸せ

🔊 68

어울리다	①似合う　②交わる
잠시	①少しの間　②しばらく
깜빡	①ちらっと　②うっかり
케이스	ケース、〜入れ、容器
빨간색	赤、赤色
안쪽	内側
학생증 [학쌩쯩]	学生証
맞다	合う、正しい
검정	黒、黒色
열쇠고리	キーホルダー
신고(하다)	申告、届出、通報 (する)
점심시간	昼食の時間
유실물센터	忘れ物預かりセンター
이후	以降、以後

文化紹介❓

　みなさんは色についてどのようなイメージを持っていますか？　サッカーを例に挙げると韓国代表チームは赤、日本代表チームは青といった違いがあります。韓国語のさまざまな色がどのようなイメージを持っているか調べてみましょう。

56

第9과

9-1 -(으)러 …しに（行く、来る）（移動の目的） 🔊 69

動詞について、「…しに（行く、来る、…）」のように、〈移動の目的〉を表す表現を作ります。
ㄹ語幹の用言につける場合、語幹末のㄹは脱落せず、また語尾の으も不要です。

① 친구를 **만나러** 대전에 가요. 友達に会いにテジョン（大田）に行きます。
② 소포를 **찾으러** 우체국에 가요. 小包を受け取りに郵便局に行きます。
③ 내일 유원지에 같이 **놀러** 가요. 明日遊園地に一緒に遊びに行きましょう。

練習1 例にならって、下線部の表現を「-(으)러 가요」を使って書き換えてみよう。

例　밥을 먹어요 → 먹으러 가요

（1）영어를 배워요　　　　→

（2）케이크를 만들어요　→

（3）머리를 깎아요　　　→

（4）책을 빌려요　　　　→

練習2 下の◯◯◯から適切な表現を選び、指定された語尾を付けて会話してみよう。

（1）A：＿＿＿＿＿＿＿＿＿＿＿＿. （-(으)러 왔다 + -는데요）
　　　B：어떻게 아프세요?

（2）A：＿＿＿＿＿＿＿＿＿＿＿? （-(으)러 가다 + -(으)ㄹ까요）
　　　B：그럼 학교 앞에 새로 생긴 식당에 가요.

（3）A：어디 가세요?
　　　B：＿＿＿＿＿＿＿＿＿＿＿. （-(으)러 가다 + -아요/어요）

오랜만에 같이 식사하다　　핸드폰을 찾다　　감기약을 사다

▶ 감기약 風邪薬

57

9-2 　-아/어 있다　…している（動作結果の持続）　🔊 70

　動詞、特に自動詞について、動作の結果が残った状態を表す表現です。例えば例文①の「横になっています」は、「横になりつつある」という進行の動作を示すのではなく、「横になった」動作が完了した後の状態を指します。

① 지나는 방에 **누워 있어요**. チナは部屋に横になっています。

② 의자에 **앉아 있었어요**. 椅子に座っていました。

③ 이 빵 안에는 뭐가 **들어 있어요**? このパンの中には何が入っていますか？

練習3　例にならって、下線部の表現を「-아/어 있어요」を使って書き換えてみよう。

　例　의자에 앉았습니다 → 앉아 있어요.

（1）일이 남았습니다　　　→

（2）사진이 걸렸습니다　　→

（3）리무진 버스가 섰습니다→

（4）방에 모였습니다　　　→

▶ 서다 立つ、止まる

練習4　日本語に合うように、「-아/어 있다」を使って下線部に入る表現を作ってみよう。できあがった文で会話してみよう。

（1）A：내 지갑 어디에 있었어요?
　　 B：교실에 _____.
　　　　　　（落ちていました）

（2）A：이케다 씨, 서울에 언제 와요?
　　 B：벌써 _____.
　　　　　　（来ています）

（3）A：지나 씨가 누구예요?
　　 B：저기 _____ 사람이 지나 씨예요.
　　　　　　（立っている…）

▶ 내 私の、僕の　저기 あそこ（に）

58

第9課

9-3 −네요 …ですね (感嘆) 🔊 71

用言について、〈感嘆〉の意味を表します。ㄹ語幹の用言につく際、語幹末のㄹが脱落します。

① 시간 가는 게 참 **빠르네요**. 時間が過ぎるのが本当に早いですね。
② 정말 큰일 **났네요**. 本当に大変なことが起きましたね。
③ 오늘은 하루가 **기네요**. 今日は一日が長いですね。
④ 그것도 참 좋은 생각**이네요**. それも本当にいい考えですね。

練習5 例にならって、下線部の表現を「−네요」を使って書き換えてみよう。

例 빨라요 → 빠르네요

（1）오랜만이에요 →

（2）싸게 팔아요 →

（3）아주 비슷해요 →

（4）정말 잘됐어요 →

（5）다 나았어요 →

（6）무척 예뻐요 →

練習6 Aの発言に対し、下の 🔲 から適切な表現を選んで「−네요」を付け、できあがった文で会話してみよう。

（1）A : 시험에 붙었어요.
　　B : ＿＿＿＿＿＿＿＿＿＿＿＿＿.

（2）A : 이 티셔츠 어때요?
　　B : ＿＿＿＿＿＿＿＿＿＿＿＿＿.

（3）A : 감기가 다 나았어요.
　　B : ＿＿＿＿＿＿＿＿＿＿＿＿＿.

다행이다　　잘 어울리다　　잘됐다

59

話してみよう

会話 A 🔊 72

(카페에서)

이케다 : 저, 죄송하지만 핸드폰을 **찾으러** 왔는데요.
　　　　잠시 전에 깜빡하고 그냥 갔어요.

점　원 : 어떤 핸드폰이에요?

이케다 : 네, 케이스가 빨간색이에요. 케이스 안쪽에 제 학생증이 **들어 있어요**.

점　원 : 혹시 이 핸드폰이에요?

이케다 : 네, 맞아요. 정말 감사합니다.

(カフェで)

池田 : あの、すみませんが、携帯電話を探しに来たのですが。
　　　ちょっと前にうっかり忘れてそのまま出ました。

店員 : どんな携帯電話ですか?

池田 : はい、ケースが赤色です。ケースの内側に私の学生証が入っています。

店員 : もしかしてこの携帯電話ですか?

池田 : ええ、そうです。本当にありがとうございます。

会話 B 🔊 73

(지하철 유실물센터에서)

이케다 : 저, 죄송하지만 가방을 **찾으러** 왔는데요.

직　원 : 어떤 가방이에요?

이케다 : 네, 검정 가방이에요. 키티 열쇠고리가 **달려 있어요**.

직　원 : 죄송하지만 아직까지 신고된 가방은 **없네요**.
　　　　점심시간 이후에 이쪽으로 전화 주시겠어요?

이케다 : 그래요? 그럼, 이따가 다시 연락 드릴게요.

(地下鉄の忘れ物預かりセンターで)

池田 : あの、すみませんが、カバンを探しに来たのですが。

職員 : どんなカバンですか?

池田 : はい、黒色のカバンです。
　　　キティーのキーホルダーがついています。

職員 : すみませんが、まだ届けられたカバンはないですね。
　　　昼の時間以降にこちらに電話いただけますか?

池田 : そうですか? じゃあ、あとでまた連絡差し上げますね。

※下線部を自分の携帯電話・カバンの説明に入れ替えてみよう。

제9과

場面1

A：学校の教室に携帯電話を忘れてきてしまいました。教室に行ってみましたが見つかりません。事務室に行って、携帯電話の特徴を説明し、届いていないか確認してみましょう。

B：あなたは学校の事務室に勤めています。事務室にはいろいろな忘れ物が届きます。探しに来た学生に、なくした物の特徴を聞き、該当するものがあれば渡してあげましょう。

場面2

A：地下鉄にカバンを置いてきてしまったようです。忘れ物預かりセンターに行って、カバンの特徴を説明してみましょう。果たして見つかるでしょうか？

B：地下鉄の忘れ物預かりセンターにはたくさんの忘れ物があります。今日もカバンをなくしたというお客さんが来ました。カバンの特徴を聞きましたが、該当するものがありません。後でまた連絡してもらうように伝えましょう。

おさらい

*以下の表現を、韓国語で言ってみよう。下線部では、この課で学んだ表現を使ってみよう。

1. （預けておいた）カバンを取りに行きました。

2. マイケルさんはもうご飯食べに行ったのですね。

3. カバンにパンが入っていますね。

4. チナさんがあそこに座っていますね。

제 10 과

고장 신고를 인터넷으로 할 수 있어요?

🔊 74

❖ **学習目的**　1. アドバイスを求めることができる
　　　　　　　 2. 相手のアドバイスに同意し、受け入れることができる

❖ **学習文法**　-(으)ㄹ 수 있다/없다,　-(으)ㄹ 것 같다,　-(으)ㄹ 때

▶この課で学ぶ単語◀

🔊 75　　　　　　　　　　　　　　　　　　　　　　　　　🔊 76

인터넷　インターネット	때　時、時間、時期
앱　アプリ	역시　やはり、やっぱり
고치다　直す	최고　最高
하늘　天、空	아무　①誰（でも）　②誰（も）
올〈올해の縮約形〉　今年（の）	여권 [여꿘]　パスポート、旅券
푹　ぐっすり（と）	스트레스　ストレス
극장　劇場、映画館	쌓이다　①積まれる　②積もる
지난번　前回	데　①〜所、〜場所、〜部分　②〜場合、〜際、 　　　〜とき　③ [-는 데の形で] 〜するのに
맡기다　任せる、預ける	길거리 [길꺼리]　通り、路上
수리(하다)　修理（する）	공연(하다)　コンサート、公演（する）
아마(도)　おそらく、多分	즐기다　①楽しむ　②好む
우선　まず、ともかく	고장이 나다　故障する
화가 나다　腹が立つ	접수(하다)　受付（する）
	그러니까　だから

文化紹介❓

　韓国語で犬は「멍멍」、猫は「야옹」と鳴き、胸は「두근두근」と高鳴ります。み
なさんが生活で接するオノマトペ（擬声語・擬態語）を韓国語ではどのように言うか、
調べてみましょう。

제 10 과

10-1 -(으)ㄹ 수 있다/없다 …できる／…できない (可能・不可能)

🔊 77

用言について、「…できる」「…できない」といった動作の〈可能〉・〈不可能〉や、「…し得る」「…し得ない」といった事柄の〈可能性〉を表します。ㄹ語幹の用言につく際には、語幹末のㄹが脱落します。

① 인터넷으로 신고할 수 있어요. インターネットで届け出ることができます。

② 저는 한국어로 편지를 쓸 수 없어요. 私は韓国語で手紙を書くことができません。

③ 이 앱으로 버스 도착 시간을 쉽게 알 수 있어요.
　このアプリでバスの到着時間を簡単に知ることができます。

練習1 下線部について (1)、(2) は「-(으)ㄹ 수 있어요」を、(3)、(4) は「-(으)ㄹ 수 없어요」を使って書き換えてみよう。

(1) 컴퓨터를 고쳐요 →

(2) 의사가 돼요 →

(3) 이번 일은 참아요 →

(4) 시험이 있어서 놀아요 →

▶ 컴퓨터 コンピュータ　의사 医者、医師

練習2 会話の内容に合う表現を下の▭から選び、(　　) に示された表現をつけて会話してみよう。

(1) A : 한국 음식 괜찮아요?
　　B : 네, ＿＿＿＿＿＿＿＿＿＿＿＿. (-(으)ㄹ 수 있어요)

(2) A : 전철역에 가려면 버스를 타야 돼요?
　　B : 아뇨, ＿＿＿＿＿＿＿＿＿＿＿. (-(으)ㄹ 수 있어요)

(3) A : 시험 결과 나왔어요?
　　B : 아뇨, ＿＿＿＿＿＿＿＿＿＿. (-(으)ㄹ 수 없어요)

매운 음식도 먹다　　아직 알다　　걸어가다

▶ 전철역 電車の駅

63

10-2 -(으)ㄹ 것 같다 …そうだ、…みたいだ、…だろうと思う（推測）

🔊 78

　用言について、話し手が見たこと、聞いたことなど何らかの根拠に基づいて〈推測〉する表現です。ㄹ語幹の用言につく際、語幹末のㄹが脱落します。

① 하늘을 보니까 곧 비가 **올 것 같아요**. 空を見ると、じき雨が降りそうです。
② 다 같이 가면 **재미있을 것 같아요**. みんな一緒に行けば面白そうです。
③ 그 일은 좀 **힘들 것 같아요**. その仕事はちょっと大変そうです。
④ 올 겨울은 많이 **추울 거 같아요**. この冬はだいぶ寒そうです。

練習3 下線部の表現を「-(으)ㄹ 것 같아요」を使って書き換えてみよう。

（1）오늘은 더워요. →

（2）다음 달부터 일할 수 있어요. →

（3）이번 일은 잘돼요. →

（4）푹 쉴 수 없어요. →

▶ 다음 달 来月、翌月

練習4 下の ☐ から適切なものを選び「-(으)ㄹ 것 같아요」を付けて会話文を完成させよう。完成した対話をペアで練習してみよう。

（1）A : 극장까지는 택시를 타고 갈까요?
　　B : 길이 막히니까 걷는 게 ＿＿＿＿＿＿＿＿＿＿＿.

（2）A : 지나 씨, 이 영화 봤어요?
　　B : 아뇨. 아직 안 봤는데 ＿＿＿＿＿＿＿＿＿＿＿.

（3）A : 지난번에 맡긴 컴퓨터, 수리 언제 끝나요?
　　B : 아마 이번 주 금요일에는 ＿＿＿＿＿＿＿＿＿＿＿.

（4）A : 지하철역에서 핸드폰을 잃어버렸어요.
　　B : 우선 유실물센터에 ＿＿＿＿＿＿＿＿＿＿＿.

▶ 금요일 金曜日

재미있다　끝나다　가 보는 게 좋다　더 빠르다

64

제 10 과

10-3 –(으)ㄹ 때   …する時   🔊 79

　未来連体形語尾 –(으)ㄹに名詞때「時」を続けた表現です。ㄹ語幹の用言につく際、語幹末のㄹが脱落します。「…した時」のような過去の事態を表す場合、–았을/었을 때が用いられます。

① 저는 화가 **날 때** 노래방에 가요. 私は腹が立つ時カラオケに行きます。
② 아침을 **먹고 있을 때** 전화가 왔어요. 朝ごはんを食べている時、電話が来ました。
③ 교실에 **들어갔을 때** 학생이 없었어요. 教室に入った時、学生がいませんでした。
④ **더울 때**는 역시 냉면이 최고예요. 暑いときはやっぱり冷麺が一番です。

練習5 例にならい、「–(으)ㄹ 때」を使って下線部分の表現を書き換えてみよう。

例 공항에 (도착했어요 → 도착했을 때) 아무도 오지 않았어요.

（1）집을 (나가요 →　　　　　　) 비가 왔어요.

（2）(슬퍼요 →　　　　　　) 어떤 책을 읽어요?

（3）할 말이 (없어요 →　　　　　　) 무슨 말을 하면 좋아요?

（4）여권을 (잃어버렸어요 →　　　　　　) 어디에 신고해야 돼요?

練習6 Aの問いに対し、自由に文を作って会話してみよう。

（1）A : 학교에 갈 때 어떻게 가요? (例 : 전철로、걸어서、…)
　　　B : ＿＿＿＿＿＿＿＿＿＿＿＿＿＿＿＿.

（2）A : 친구하고 놀 때 어디서 놀아요? (例 : 노래방、시부야、…)
　　　B : ＿＿＿＿＿＿＿＿＿＿＿＿＿＿＿＿.

（3）A : 스트레스가 쌓였을 때 뭐 해요? (例 : 자다、케이크를 먹다、…)
　　　B : ＿＿＿＿＿＿＿＿＿＿＿＿＿＿＿＿.

▶ 전철 電車 걸어서 歩いて

話してみよう

🔊 80

이케다 : 진우 씨, 이번 주말에 일본에서 친구가 오는데 좋은 데 있으면
　　　　소개 좀 해 주세요.
진　우 : 음…, 홍대앞은 어때요?
이케다 : 아, 거기 젊은 사람들이 많이 가는 곳이죠?
진　우 : 네. 길거리 공연도 즐길 수 있으니까 한번 가 보세요.
이케다 : 재미있을 것 같네요. 한번 가 볼게요.

池田：チヌさん、今度の週末に日本から友達が来るんですけど、いいところがあれば
　　　ちょっと紹介してください。
チヌ：うーん…、ホンデ前はどうですか？
池田：ああ、そこは若い人が多く行くところでしょう？
チヌ：ええ。路上の公演も楽しむことができるから、一度行ってみてください。
池田：面白そうですね。一度行ってみますね。

🔊 81

이케다 : 진우 씨, 제 방 에어컨이 고장 났는데 어떻게 하면 좋을까요?
진　우 : 그래요? 그럼 인터넷으로 고장 수리 접수부터 하세요.
이케다 : 고장 신고를 인터넷으로 할 수 있어요? 몰랐어요.
진　우 : 나도 작년에 보일러가 고장 났을 때 그렇게 했어요.
　　　　그러니까 빨리 고장 수리 접수부터 하는 게 좋을 것 같아요.
이케다 : 알았어요. 그렇게 할게요.

池田：チヌさん、私の部屋のクーラーが故障したんですけど、どうしたらいいでしょうか？
チヌ：そうですか？　じゃあ、インターネットで故障修理の受付からしてください。
池田：故障の届け出をインターネットでできるんですか？　知らなかったです。
チヌ：私も去年ボイラーが故障した時、そうしました。
　　　だから早く故障修理の受付からするのがいいだろうと思います。
池田：分かりました。そうしますね。

제 10 과

場面 1

A：韓国から友達が来ることになりました。どこかおすすめの場所がないか、ペアの相手に相談してみましょう。

B：ペアの相手から、韓国からの友達を連れて行くのにおすすめの場所を聞かれました。自分のおすすめの場所を紹介してあげましょう。

場所の例	おすすめの内容
하라주쿠 (原宿)	젊은 사람이 많다, 쇼핑할 수 있다 (쇼핑하다 ショッピングする)
오사카성 (大阪城)	오사카성을 구경할 수 있다 (구경하다 見物する)
도톤보리 (道頓堀)	다코야키를 먹을 수 있다

場面 2

A：使っているコンピュータが壊れてしまいました。どうしたらいいか、ペアの相手に相談してみましょう。

B：ペアの相手から、コンピュータの故障について相談されました。インターネットで修理の受付ができることを教えてあげましょう。

おさらい

*以下の表現を、韓国語で言ってみよう。下線部では、この課で学んだ表現を使ってみよう。

1. インターネットで申請するとき、何が必要ですか？

   _____

2. ここ(の)食べ物はおいしそうです。

   _____

3. コンピュータは私が直せそうです（直すことができそうです）。

   _____

4. 仕事するときは携帯電話を使うことができません。

   _____

제 11 과

대신 반납해 주면 안 돼요?

🔊 82

❖ **学習目的**　1. 相手にお願いすることができる
　　　　　　 2. 相手のお願いを承諾することができる

❖ **学習文法**　-(으)면 안 되다,　-(으)ㄹ(未来連体形),　-잖아요

▶この課で学ぶ単語◀

🔊 83　　　　　　　　　　　　　　　　　　　　　　🔊 84

곁　そば、脇	기회　機会
떠들다　騒ぐ	멋있다　素敵だ、かっこいい
내용　内容	요즘　近頃、最近
놀라다　驚く	인기 [인끼]　人気
필요　必要	왜냐하면　なぜならば、なぜかというと
예정　予定	대신　①身代わりに、代理で　②代わりに
반납(하다) [반나파다]　返却 (する)	들어주다　聞き入れる、聞いてあげる
입학(하다) [이파카다]　入学 (する)	뭘요 [뭘료]　いえいえ、とんでもないです
이기다　勝つ	별것　①変わったもの/こと、大したもの/こと ②他のもの、別個のもの
상대(하다)　相手 (する)	회화　会話
방학　(学校の) 長期休暇	돕다　助ける、手伝う 〈ㅂ変則〉

文化紹介❓

　お正月になるとお餅を食べたり、お年玉をもらったり楽しいことがいっぱいです
よね。韓国でもお正月は大きなイベントですが、日本と違い、旧暦で数えた旧正月
がメインです。韓国のお正月はどのようなことをするのか調べてみましょう。

第11課

11-1　-(으)면 안 되다　…したらだめだ、…してはいけない〈禁止〉

🔊 85

用言について「…したらだめだ」「…してはいけない」といった〈禁止〉を表します。疑問文では、「…してはいけないか」という相手への〈許諾〉を求める表現になります。ㄹ語幹の用言につける場合、語幹末のㄹは脱落せず、また語尾の으も不要です。

① 전화번호를 카톡으로 **보내 주면 안 돼요**?
　 電話番号をカカオトークで送ってくれたらだめですか（送ってもらえませんか）？
② 그 사람 곁에 **있으면 안 돼요**? 彼のそばにいたらだめですか？
③ 도서관에서 **떠들면 안 돼요**. 図書館で騒いではいけません。
④ 내용이 너무 **어려우면 안 돼요**. 内容が難しすぎたらだめです。

練習1　例にならい、下線部の表現を「-(으)면 안 되다」を使って書き換えてみよう。

例　내 말 듣고 놀라요. → 놀라면 안 돼요.

（1）아직 포기해요.　　　　　→

（2）누구한테도 이야기해요. →

（3）다시 생각해 봐요?　　　→

（4）필요 없으니까 팔아요?　→

練習2　（　　）内の日本語を、「-(으)면 안 돼요」を使って韓国語に直し、会話練習をしてみよう。

（1）A：수업 시간에 모자를 써도 돼요?（帽子をかぶってはいけません）
　　 B：＿＿＿＿＿＿＿＿＿＿＿＿＿＿＿＿.

（2）A：시간이 있을 때 좀 ＿＿＿＿＿＿＿?（手伝ってもらえませんか）
　　 B：오후에는 괜찮은데 뭘 도와줄까요?

（3）A：영어 노트 좀 ＿＿＿＿＿＿＿?（見せてもらえませんか）
　　 B：미안해요. 지금 아르바이트 가야 돼요.

▶ 노트 ノート

69

11-2 −(으)ㄹ …だろう…、…すべき…（未来連体形） 🔊 **86**

用言について、「…するべき…」「…だろう…」などの未来連体形を作ります。ㄹ語幹の用言では語幹末のㄹが脱落します。

① 이제 **잘** 시간이에요. もう寝る（寝るべき）時間です。

② 내일 **입을** 옷은 어디 있어요? 明日着る（着るべき）服はどこにありますか？

③ 일요일에는 아이들과 하루 종일 **놀** 예정이에요.
　　日曜日には子どもたちと一日中遊ぶ予定です。

練習3 例にならって、「−(으)ㄹ」を使った連体形にしてみよう。

例 부탁해요 / 예정 → 부탁할 예정

（1）반납해요 / 책　　　　　　　（2）요리해요 / 시간
　　→　　　　　　　　　　　　　　　→

（3）더워요 / 때　　　　　　　　（4）입학해요 / 대학교
　　→　　　　　　　　　　　　　　　→

（5）일해요 / 회사　　　　　　　（6）이겨야 해요 / 상대
　　→　　　　　　　　　　　　　　　→

▶ 요리하다 料理する　대학교 大学、総合大学　회사 会社

練習4 下の ▢ から適切な表現を選び、「−(으)ㄹ」を付けて一つの文にしてみよう。

（1）나한테 ＿＿＿＿＿＿＿＿＿＿＿ 얘기 있으면 말해 봐요.

（2）방학 때 혼자 ＿＿＿＿＿＿＿＿＿＿＿ 계획을 세웠어요.

（3）지나 씨 생일에는 ＿＿＿＿＿＿＿＿＿＿＿ 예정이에요.

하다　　케이크를 만들다　　여행 가다

▶ 세우다 立てる、建てる

70

제 11과

11-3　－잖아요　…じゃないですか（確認・念押し）　🔊 87

　用言について、「…じゃないですか」と相手に〈確認・念押し〉する表現です。「…したじゃないですか」のように過去の事柄を述べる場合、－았잖아요/었잖아요が用いられます。

① 이케다 씨 한국어 **잘하잖아요**. 池田さん、韓国語上手じゃないですか。
② 오늘 날씨, **춥잖아요**. 今日の天気、寒いじゃないですか。
③ 그 이야기는 누구나 다 **알잖아요**. その話は誰でも皆知っているじゃないですか。
④ 자장면은 어제도 **먹었잖아요**. ジャージャー麺は昨日も食べたじゃないですか。

練習5　例にならい、下線部の表現を「－잖아요」を使って書き換えてみよう。

例　기회가 또 있어요 → 있잖아요.

（1）매운 걸 잘 먹어요.
　　→
（2）너무 멋있어요.
　　→

（3）쉬는 날이 더 바빠요.
　　→
（4）이렇게 부탁해요.
　　→

▶또 また、再び、さらに　걸(것을) ことを　날 日

練習6　下の　　　から適切な表現を選び、「－잖아요」を付けて会話してみよう。（4）は自由に答えてみよう。

（1）A : 한국어 정말 잘하시네요.
　　B : 일본어하고 ＿＿＿＿＿＿＿＿＿＿＿＿＿＿.

（2）A : 다 열심히 공부하고 있네요.
　　B : 다음 주에 ＿＿＿＿＿＿＿＿＿＿＿＿＿＿.

（3）A : 인터넷 쇼핑 자주 해요?
　　B : 네, 자주 해요. ＿＿＿＿＿＿＿＿＿＿＿＿＿＿.

（4）A : 요즘 케이팝이 왜 이렇게 인기가 있어요?
　　B : 왜냐하면 ＿＿＿＿＿＿＿＿＿＿＿＿＿＿.

시험이 있어요　　편해요　　문법이 비슷해요

71

話してみよう

会話 A 🔊 88

진　우：이케다 씨, 저 잠깐 도서관에 갔다 올게요.

이케다：그래요? 그럼 미안하지만 부탁 하나 해도 될까요?

진　우：무슨 부탁인데요?

이케다：이 책, 대신 반납해 주면 안 돼요?

진　우：알았어요. 더 부탁할 건 없어요?

이케다：네, 없어요. 부탁 들어줘서 고마워요.

진　우：뭘요, 별것도 아닌데요. 그럼 갔다 올게요.

チヌ：池田さん、私ちょっと図書館に行ってきますね。

池田：そうですか？　じゃあ、すみませんが一つお願いしてもいいでしょうか？

チヌ：どんなお願いですか？

池田：この本、代わりに返却してくれませんか？

チヌ：分かりました。他に頼むことはないですか？

池田：ええ、ありません。お願いを聞いてくれてありがとうございます。

チヌ：いえいえ、大したことじゃないです。じゃあ行ってきますね。

会話 B 🔊 89

진　우：이케다 씨, 다음 주에 일본어 회화 시험이 있는데 좀 도와줄래요?

이케다：진우 씨 일본어 잘하잖아요!

진　우：아니에요. 요즘 일본어로 말할 기회가 없어서 좀 걱정이에요.

이케다：그래요? 그런데 어떻게 도우면 될까요?

진　우：나한테 일본어로 얘기해 주면 안 돼요?

　　　　나는 이케다 씨한테 한국어로 얘기할게요.

이케다：그거 좋은 생각이네요. 그럼 지금부터 그렇게 할까요?

チヌ：池田さん、来週日本語会話の試験があるんですけど、ちょっと手伝ってくれますか？

池田：チヌさん、日本語上手じゃないですか。

チヌ：いいえ。最近日本語で話す機会がなくて、ちょっと心配です。

池田：そうですか？　でも、どうやって手伝えばいいでしょうか？

チヌ：私に日本語で話してもらえませんか？

　　　私は池田さんに韓国語で話しますね。

池田：それはいいアイデアですね。じゃあ、今からそうしましょうか？

제11과

ロールプレイ

場面1

A：☐内の表現を参考に、ペアの相手にお願いをしてみましょう。
B：ペアの相手のお願いについて、どのようにすればよいか具体的に聞き、承諾してあげましょう。

① 도서관에 가서 책을 반납하다	② 케이크를 만들다
③ 영어 공부를 돕다	④ 병원에 같이 가다

場面2

A：場面1で示された☐内の表現を参考に、自分で考えて、ペアの相手にお願いをしてみましょう。
B：ペアの相手のお願いについて、どのようにすればよいか具体的に聞き、以下の☐内の表現を理由にして、断ってみましょう。

① 친구하고 약속이 있다	② 요리를 잘 못하다
③ 영어를 잘 모르다	④ 하루 종일 아르바이트가 있다

おさらい

＊以下の表現を、韓国語で言ってみよう。下線部では、この課で学んだ表現を使ってみよう。

1. カカオトークで送れるじゃないですか。
   _____

2. ジャージャー麺食べる人は誰ですか？
   _____

3. もう旅行に行く計画を立てたじゃないですか。
   _____

4. 暑いときに外で遊んではいけません。
   _____

제 12 과

쉬면서 대학원 준비할 생각이에요.

🔊 90

❖ **学習目的**　1. この先の予定や計画について話すことができる
　　　　　　　2. 相手の予定や計画について尋ねることができる

❖ **学習文法**　−(으)면서, −(으)ㄹ 생각이다, 못

▶この課で学ぶ単語◀

🔊 91　　　　　　　　　　　　　　　　　　　　　🔊 92

単語	意味	単語	意味
척　[−(으)ㄴ 척, 는 척の形で]	〜したふり、〜するふり	편의점	コンビニエンスストア
주부	主婦	잔돈	①小銭　②お釣り
운동선수	運動選手	둘러보다	見回す、見渡す
나타나다	現れる	이사(하다)	引越し、移転 (する)
며칠	何日、何日か	과목	科目
정리(하다) [정니하다]	整理 (する)	스페인어	スペイン語
형제	兄弟	제대로	思いどおりに、まともに、きちんと
성격 [성껵]	性格	정하다	定める、決める
대학원	大学院	배부르다	お腹がいっぱいだ〈르変則〉
준비(하다)	準備 (する)	여기저기	あちこち、方々
스마트폰	スマートフォン	외할머니	おばあさん (母方の祖母)
사용(하다)	使用 (する)	댁	お宅
회의(하다)	会議 (する)	취직(하다)	就職 (する)
힘	力	무역	貿易
시골	田舎	말	末

祖父 (할아버지)、祖母 (할머니)、父 (아버지)、母 (어머니)、兄 (형, 오빠)、姉 (누나, 언니)、弟 (남동생)、妹 (여동생) …韓国語での家族の呼び方をどれくらい知っていますか？　これら以外にもさまざまな呼び方があります。親戚を含めて韓国語でどのようにいうのか調べてみましょう。

제 12 과

12-1 －(으)면서 …しつつ、…しながら (並列・対照) 🔊 93

　用言について、「…しながら (…する)」のように、二つの事柄が並行して行われることを表します。また「～のに」のように対立する事柄を対照的に述べる時にも使われます。ㄹ語幹の用言につける場合、語幹末のㄹは脱落せず、また語尾の으も不要です。

① 차를 **마시면서** 이야기를 했어요. お茶を飲みながら話をしました。

② 비를 **맞으면서** 걸었어요. 雨に当たりながら歩きました。

③ 철수는 나를 **알면서** 모르는 척했어요.
　　チョルスは私を知っていながら知らないふりをしました。

④ 그녀는 **주부이면서** 운동선수예요. 彼女は主婦でありながら運動選手です。

練習1　下線部の表現を「－(으)면서」を使って書き換えてみよう。

（1）(운전해요 →　　　　　　　) 전화하지 마세요.

（2）(책을 읽어요 →　　　　　　　) 밥을 먹어요.

（3）(며칠 쉬어요 →　　　　　　　) 마음을 정리했어요.

（4）(형제예요 →　　　　　　　) 성격이 아주 달라요.

▶ 한 一つの、一人の　할머니 おばあさん

練習2　(　　　) 内の表現に「－(으)면서」を付けて、下の ⬚ から適切な表現を選び、文を完成させよう。

（1）A : (걷다) ＿＿＿＿＿＿＿＿＿＿＿＿＿＿＿＿.
　　　B : 앞으로 조심할게요.

（2）A : (텔레비전 보다) ＿＿＿＿＿＿＿＿＿＿＿＿?
　　　B : 뉴스도 좀 알아야 돼서요.

（3）A : 지나 씨는 여름 방학 때 뭐 할 거예요?
　　　B : (아르바이트하다) ＿＿＿＿＿＿＿＿＿＿＿＿.

대학원 준비할 거예요　스마트폰을 사용하면 안 돼요　공부가 돼요

▶ 뉴스 ニュース　여름 방학 夏休み

75

12-2 **-(으)ㄹ 생각이다**   …するつもりだ、…する考えだ   🔊 **94**

用言に -(으)ㄹ をつけた未来連体形に、생각「考え、思い」を続けた表現です。ㄹ語幹の用言につく際、語幹末のㄹが脱落します。

① 6시까지는 회의를 **끝낼 생각이에요**.   6時までには会議を終えるつもりです。
② 이번 일은 그 사람 힘을 **빌릴 생각입니다**.   今回の仕事は彼の力を借りるつもりです。
③ 언제부터 시골에서 **살 생각이었어요**?   いつから田舎で暮らすつもりでしたか？

練習3   例にならい、下線部の表現を「-(으)ㄹ 생각이에요」を使って書き換えてみよう。

例   편의점에 <u>갔어요</u> → 갈 생각이에요

(1) 잔돈으로 <u>바꿔요</u> →

(2) 자장면을 <u>시켜요</u> →

(3) 남대문시장을 <u>둘러봤어요</u> →

(4) 좀 더 노력해 <u>봤어요</u> →

練習4   (   )内の文に「-(으)ㄹ 생각이에요」を付け、会話文を完成させてペアで練習してみよう。

(1) A : 이사 갈 거예요?
    B : 네, 앞으로 ＿＿＿＿＿＿＿＿＿＿＿＿.（교토에서 살다）

(2) A : 지나 씨 학교는 외국어 과목이 많네요.
    B : 네. 그래서 내년부터 ＿＿＿＿＿＿＿＿＿＿.（스페인어도 배우다）

(3) A : 졸업하면 뭐 할 거예요?
    B : ＿＿＿＿＿＿＿＿＿＿＿＿＿＿.（自由に）

▶ 내년 来年

76

제 12 과

12-3 못 …できない（不可能） 🔊 95

　動詞の前に置いて、「…できない」という〈不可能〉の意味を表します。공부하다「勉強する」
などのように「名詞＋하다」という構成の用言では、名詞と하다との間に못が入ります。

① 저는 무서워서 비행기 **못** 타요. 私は怖くて飛行機に乗れません。
② 선생님하고는 오랫동안 **못** 만났어요.
　　先生とは長いこと会うことができませんでした（会えずにいます）。
③ 시간이 없어서 제대로 **준비 못 했어요**.
　　時間がなくてまともに準備できませんでした。
＊意味はほとんど変わりませんが、書き言葉では、「못」より「-지 못하다」がよく使われます。
　 못 만났어요 ⇨ 만나**지 못했어요**.

練習5 次の日本語を「못」を使って韓国語にしてみよう。

（1）メールを受け取れませんでした。　　（2）報告書は書けませんでした。

（3）決められませんでした。　　　　　　（4）予約できませんでした。

練習6 例にならって、理由を「-아서/어서」でつなぎ、「못」を使って文を完成させよう。

　例　A：버스가 왔는데 탈까요?
　　　　B：<u>사람이 많아서 못 탈 것 같아요</u>.
　　　　　（사람이 많다 / 탈 것 같아요）

（1）A：왜 연락 안 했어요?
　　　B：_____　_____.
　　　　（핸드폰이 고장 나다 / 연락했어요）

（2）A：좀 더 드실래요?
　　　B：_____　_____.
　　　　（배부르다 / 먹겠어요）

77

話してみよう

会話 A ◀)) 96

이케다 : 진우 씨는 봄 방학 때 뭐 할 거예요?

진　우 : 집에서 **쉬면서** 대학원 **준비할 생각이에요.**

　　　　이케다 씨는요?

이케다 : 저는 한국을 여기저기 **둘러볼 생각이에요.**

진　우 : 어디 갈 곳은 정했어요?

이케다 : 아직 **못** 정했어요. 그렇지만 경주는 꼭 **가 볼 생각이에요.**

진　우 : 그래요? 경주는 많이 가 봤어요.

　　　　외할머니 댁이 경주거든요.

池田 : チヌさんは春休みのときに何をするつもりですか？

チヌ : 家で休みながら、大学院の準備するつもりです。

　　　池田さんは？

池田 : わたしは韓国をあちこち回ってみるつもりです。

チヌ : どこか行くところは決めましたか？

池田 : まだ決められていません。でも慶州はぜひ行ってみるつもりです。

チヌ : そうですか？　慶州はけっこう行ったことがあります。

　　　おばあさんの家が慶州なんですよ。

会話 B ◀)) 97

진　우 : 이케다 씨는 대학 졸업하고 뭐 할 거예요?

이케다 : 회사에 **취직할 생각이에요.**

진　우 : 그래요? 어떤 회사에 취직하고 싶어요?

이케다 : 무역 회사를 생각하고 있어요.

　　　　한국어를 쓸 수 있는 회사였으면 좋겠어요. 진우 씨는요?

진　우 : 대학원에 진학하거나 유학할 생각인데 아직 **못** 정했어요.

　　　　이번 달 말까지는 **결정할 생각이에요.**

チヌ : 池田さんは大学を卒業して何をするつもりですか？

池田 : 会社に就職するつもりです。

チヌ : そうですか？　どんな会社に就職したいですか？

池田 : 貿易会社を考えています。

　　　韓国語を使える会社だったらいいなと思います。チヌさんは？

チヌ : 大学院に進学したり、留学するつもりですけど、まだ決められていません。

　　　今月末までには決定するつもりです。

제12과

場面1

A：春休みの計画について、ペアの相手に詳しく尋ねてみましょう。
B：春休みの計画について、☐☐☐内の表現を参考に、ペアの相手に説明してみましょう。

한국에 여행을 가다	취직 준비를 하다
운전을 배우다	친구하고 놀러 가다

場面2

A：大学を卒業した後の計画について、ペアの相手に詳しく尋ねてみましょう。
B：大学を卒業した後の計画について、☐☐☐内の表現を参考に、ペアの相手に説明してみましょう。

회사에 취직하다	대학원에 들어가다
유학을 가다	결혼하다

おさらい

＊以下の表現を、韓国語で言ってみよう。下線部では、この課で学んだ表現を使ってみよう。

1. 遊びながら勉強できないじゃないですか。
   _____

2. 夏休みにアルバイトするつもりです。
   _____

3. まともに準備できなかったので（できなくて）行かないつもりです。
   _____

4. 電話をしながらメールを送りました。
   _____

付録

1. 発音の規則

（1）終声の発音

表記としてのパッチム（終声字母）はさまざまですが、発音としての終声は、以下に示す7種類しかありません：

終声	パッチム
[ᵖ]	ㅂ ㅍ
[ᵗ]	ㄷ ㅌ ㅅ ㅆ ㅈ ㅊ ㅎ
[ᵏ]	ㄱ ㅋ ㄲ

앞[압] 前　　　집[집] 家
팥[팓] 小豆　　맛[맏] 味
부엌[부억] 台所　밖[박] 外

終声	パッチム
[m]	ㅁ
[n]	ㄴ
[ŋ]	ㅇ
[l]	ㄹ

밤[밤] 夜　　　몸[몸] 体
산[산] 山　　　만[만] 万
강[강]〈江〉川　빵[빵] パン
물[물] 水　　　달[달] 月

（2）二文字のパッチムの発音

二文字のパッチムは、単独で読む場合、あるいは後ろに子音が続く場合、多くは左側の文字を読みます：

パッチム		終声
ㅄ	→	[ᵖ]
ㄳ	→	[ᵏ]
ㄵ ㄶ	→	[n]
ㄺ ㄾ ㅀ ㄼ*	→	[l]

없다[업따] ない、いない
넋[넉] 魂
앉는[안는] 座る〜
핥다[할다] なめる　여덟[여덜] やっつ

*밟다「踏む」のみ[밥따]と発音する

次の二文字のパッチムは右側の文字を読みます：

ㄻ	→	[m]
ㄿ	→	[ᵖ]
ㄺ	→	[ᵏ]

삶[삼] 生
읊다[읍따] 詠ずる
닭[닥] 鶏

ただし、後ろに母音が続く場合には二文字とも読み、連音化などが起こります：

앉아요[안자요] 座ります　없어요[업써요] いません、ありません

（3）濃音化

閉鎖音の終声 [ᵖ] [ᵗ] [ᵏ] に平音「ㅂ, ㄷ, ㄱ, ㅈ, ㅅ」が続くとき、これらの平音は有声音化せずに、それぞれ濃音「ㅃ, ㄸ, ㄲ, ㅉ, ㅆ」として発音されます：

パッチム	終声
ㅂ, ㅍ　　　=	[ᵖ]
ㄷ, ㅌ, ㅅ, ㅆ, ㅈ, ㅊ, ㅎ　=	[ᵗ]
ㄱ, ㅋ, ㄲ　=	[ᵏ]

+

初声
[ㅂ]
[ㄷ]
[ㄱ]
[ㅈ]
[ㅅ]

⇒

終声
[ᵖ]
[ᵗ]
[ᵏ]

+

初声
[ㅃ]
[ㄸ]
[ㄲ]
[ㅉ]
[ㅆ]

팥빙수[팓삥수]〈-氷水〉カキ氷
학교[학꾜]〈學校〉学校
혹시[혹씨]〈或是〉万一、もしも、ひょっとして

받다[받따]　受け取る
걱정[걱쩡]　心配

（4）鼻音化

閉鎖音の終声 [ᵖ] [ᵗ] [ᵏ] に「ㄴ」または「ㅁ」が続くと、終声の [ᵖ] [ᵗ] [ᵏ] はそれぞれ対応する鼻音 [m] [n] [ŋ] で発音されます：

パッチム	終声
ㅂ, ㅍ　　　=	[ᵖ]
ㄷ, ㅌ, ㅅ, ㅆ, ㅈ, ㅊ, ㅎ　=	[ᵗ]
ㄱ, ㅋ, ㄲ　=	[ᵏ]

+

初声
[ㄴ] [ㅁ]

⇒

終声
[m]
[n]
[ŋ]

+

初声
[ㄴ] [ㅁ]

보냅니다[보냄니다] 送ります
끝나다[끈나다] 終わる
박물관[방물관]〈博物館〉博物館

밥만[밤만] ご飯だけ
맛있는[마신는] おいしい〜
밖만[방만] 外だけ

また、鼻音の終声 [m] [ŋ] に「ㄹ」が続くとき、初声の [ㄹ] は鼻音 [ㄴ] で発音されます：

パッチム	終声
ㅁ　　=	[m]
ㅇ　　=	[ŋ]

+

初声
[ㄹ]

⇒

終声
[m]
[ŋ]

+

初声
[ㄴ]

종로[종노]〈鍾路〉鍾路（地名）
능력[능녁]〈能力〉能力

정류장[정뉴장]〈停留場〉停留場
심리[심니]〈心理〉心理

（5）激音化①（閉鎖音の終声に「ㅎ」が続く場合）

閉鎖音の終声 [ᵖ] [ᵗ] [ᵏ] に「ㅎ」が続くと、それぞれ対応する激音 [ㅍ] [ㅌ] [ㅋ] で発音されます：

パッチム	終声		初声		初声
ㅂ, ㅍ =	[ᵖ]	+		⇒	[ㅍ]
ㄷ, ㅌ, ㅅ, ㅆ, ㅈ, ㅊ, ㅎ =	[ᵗ]	+	[ㅎ]	⇒	[ㅌ]
ㄱ, ㅋ, ㄲ =	[ᵏ]	+		⇒	[ㅋ]

반납하다[반나파다]〈返納-〉返却する
못해요[몯해요] → [모태요] できません
생각하다[생가카다] 考える

（6）激音化②（「ㅎ」を含むパッチムに平音が続く場合）

「ㅎ」を含むパッチム「ㅎ, ㄶ, ㅀ」に、「ㄷ, ㄱ, ㅈ」で始まる音節が続く場合、後続する「ㄷ, ㄱ, ㅈ」は激音として発音されます：

좋다[조타] よい　　　　　많다[만타] 多い
그렇게[그러케] そのように　많지만[만치만] 多いが
싫지[실치] 嫌だろう

（7）hの弱化

パッチムの「ㅁ, ㄴ, ㅇ, ㄹ」に「ㅎ」が続くと、「ㅎ」は弱化してほとんど発音されません：

パッチム		初声		初声
ㅁ	+		⇒	[ㅁ]
ㄴ	+	[ㅎ]	⇒	[ㄴ]
ㅇ	+		⇒	[ㅇ]
ㄹ	+		⇒	[ㄹ]

삼호선[사모선]〈三號線〉三号線　　열심히[열씨미]〈熱心-〉一生懸命
주문하다[주무나다]〈注文-〉注文する　전화번호[저놔버노]〈電話番號〉電話番号

영화[영와]〈映畫〉映画　　　　　　강하다[강아다]〈强-〉強い
출발하다[출바라다]〈出發-〉出発する

　また、「ㅎ, ㄶ, ㅀ」のような「ㅎ」を含むパッチムに母音が続く場合も、「ㅎ」は発音されません：

좋아요[조아요] いいです　　많이[마니] たくさん　　싫어요[시러요] いやです

（8）流音化

　「ㄴ」と「ㄹ」が隣り合うと、[ㄹ]+[ㄹ] の発音になります：

연락[열락]〈連絡〉連絡　　　　원래[월래]〈元來〉もともと
실내[실래]〈室內〉室内　　　　잃는[일른] 失う〜
큰일 나요[크닐라요] たいへんなことが起きます

（9）nの挿入

　合成語など二つ以上の要素が結びつく際に、前の要素がパッチムで終わり、後ろの要素がヤ行音の「이 야 여 요 유 얘 예」で始まる場合、後ろの要素の前に発音上ㄴが挿入されます：

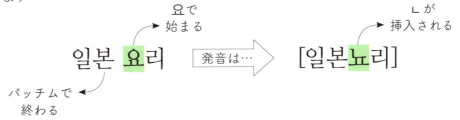

문 옆 [문녑] ドアの横　　　　무슨 요일 [무슨뇨일] 何曜日

ㄴが挿入された後、鼻音化や流音化がおきます：
십육[십뉵] → [심뉵]〈十六〉十六
중국 요리[중국뇨리] → [중궁뇨리]〈中國料理〉中華料理
못 읽어요[몯닐거요] → [몬닐거요] 読めません
할 일[할닐] → [할릴] すること、すべきこと

付録

2. 助詞のまとめ 　【話】話し言葉的　【尊】尊敬

助詞	意味・機能		日本語訳	用例
-가/이	①主語		…が	언니가 왔어요.　お姉さんが来ました。
				수업이 끝났어요.　授業が終わりました。
	②否定の対象		…では (ない)	그 사람은 친구가 아니에요. その人は友達ではありません。
				여동생은 대학생이 아니에요. 妹は大学生ではありません。
	③変化の対象		…に (なる)	가수가 됐어요.　歌手になりました。
				대학생이 돼요.　大学生になります。
-까지	①移動の終点		…まで	서울까지 가요.　ソウルまで行きます。
	②時の終点			두 시까지 수업이 있어요. 2時まで授業があります。
-께	受け手【尊】		…に	선생님께 인사를 했어요. 先生に挨拶しました。
-께서	主語【尊】		…が	할아버지께서 신문을 읽으세요. お祖父さんが新聞を読んでいらっしゃいます。
-(이)나	選択		…か	언니나/형이나 어머니가 올 거예요. 姉 (兄) かお母さんが来ますよ。
-는/은	主題		…は	친구는 유학생이에요. 友達は留学生です。
				제 전공은 경영학이에요. 私の専攻は経営学です。
-도	添加		…も	형도 대학생이에요.　兄も大学生です。
-(이)라도	例示		…でも、さえも	누구라도/학생이라도 좋아요. 誰でも (学生でも) いいですよ。
-(이)랑	①共同者【話】		…と	친구랑/동생이랑 싸웠어요. 友だちと (弟と) 喧嘩しました。
	②羅列【話】		…と、…も、…や	노트랑 연필이랑 많이 샀어요. 消しゴムも鉛筆もたくさん買いました。
-로/으로	①手段・道具		…で	버스로/전철로 가요.　バスで (電車で) 行きます。
				신칸센으로 가요.　新幹線で行きます。
	②資格・立場		…として	막내로/장남으로 태어났어요. 末っ子として (長男として) 生まれました。
	③方向		…に、へ	오사카로/부산으로 가는 비행기 大阪へ (プサンへ) 行く飛行機
-를/을	目的・対象		…を	김치를 먹어요.　キムチを食べます。
				선물을 받아요.　プレゼントをもらいました。

−마다	例示	…ごとに	사람마다 성격이 달라요. 人ごとに性格が異なっています。
−밖에	限定	…しか（〜ない）	돈이 천 원밖에 없어요. お金が千ウォンしかありません。
−보다	比較対象	…より	동생이 저보다 키가 커요. 弟が私より背が高いです。
−부터	時の起点	…から	수업은 9시부터 시작해요. 授業は9時から始めます。
−에	①存在場所	…に	오늘은 집에 있어요.　今日は家にいます。
	②移動の終点		한국에 가요.　韓国に行きます。
	③時		6시에 약속이 있어요.　6時に約束があります。
−에게	①受け手	…に	친구에게 문자를 보내요. 友達にメールを送ります。
	②ものの所属・位置	…のところに	그 책은 형에게 있어요. その本は兄（のところ）にあります。
−한테	①受け手【話】	…に	친구한테 문자를 보내요. 友だちにメールを送ります。
	②ものの所属・位置【話】	…のところに	그 책은 형한테 있어요. その本は兄（のところ）にあります。
−에게서	起点（人）	…から	친구에게서 편지가 왔어요. 友だちから手紙が届きました。
−한테서	起点（人）【話】	…から	친구한테서 편지가 왔어요. 友だちから手紙が届きました。
−에서	①場所	…で	은행에서 돈을 찾아요. 銀行でお金をおろします。
	②移動の起点	…から	서울에서 왔어요.　ソウルから来ました。
−와/과	①羅列	…と	지우개와 연필을 샀어요. 消しゴムと鉛筆を買いました。
	②共同者		부모님과 같이 서울에 가요. 両親と一緒にソウルに行きます。
−하고	①羅列【話】	…と	지우개하고 연필을 샀어요. 消しゴムと鉛筆を買いました。
	②共同者【話】		부모님하고 같이 서울에 가요. 両親と一緒にソウルに行きます。
−의	所有・所属	…の	한국의 수도는 서울이에요. 韓国の首都はソウルです。
−처럼	例示	…のように、 のごとく	새처럼 날아 보고 싶어요. 鳥のように飛んでみたいです。

3. 時を表す表現のまとめ

일요일	월요일	화요일	수요일	목요일	금요일	토요일
日曜日	月曜日	火曜日	水曜日	木曜日	金曜日	土曜日

그저께	一昨日	어제	昨日	오늘	今日	내일	明日	모레	明々後日
지지난주	先々週	지난주	先週	이번 주	今週	다음 주	来週	다다음 주	再来週
지지난달	先々月	지난달	先月	이번 달	今月	다음 달	来月	다다음 달	再来月
재작년	一昨年	작년	昨年	올해	今年	내년	来年	내후년	再来年

오전	午前	정오	正午	오후	午後

새벽	아침	점심	저녁	밤
明け方、夜明け	朝	昼	夕方	夜

매일	매주	매달	매년	봄	여름	가을	겨울
毎日	毎週	毎月	毎年	春	夏	秋	冬

일 분	1分	한 시	1時	일 일	1日	일월	1月	일 년	1年
이 분	2分	두 시	2時	이 일	2日	이월	2月	이 년	2年
삼 분	3分	세 시	3時	삼 일	3日	삼월	3月	삼 년	3年
사 분	4分	네 시	4時	사 일	4日	사월	4月	사 년	4年
오 분	5分	다섯 시	5時	오 일	5日	오월	5月	오 년	5年
육 분	6分	여섯 시	6時	육 일	6日	유월	6月	육 년	6年
칠 분	7分	일곱 시	7時	칠 일	7日	칠월	7月	칠 년	7年
팔 분	8分	여덟 시	8時	팔 일	8日	팔월	8月	팔 년	8年
구 분	9分	아홉 시	9時	구 일	9日	구월	9月	구 년	9年
십 분	10分	열 시	10時	십 일	10日	시월	10月	십 년	10年
이십 분	20分	열한 시	11時	이십 일	20日	십일월	11月	백 년	100年
삼십 분	30分	열두 시	12時	삼십 일	30日	십이월	12月	천 년	1000年

4. 指示詞のまとめ

区分	こ（近称）		そ（中称）		あ（遠称）		ど（不定称）	
指示	이	이	그	その	저	あの	어느	どの
もの	이것	これ	그것	それ	저것	あれ	어느 것	どれ
場所	여기	ここ	거기	そこ	저기	あそこ	어디	どこ
方向	이쪽	こちら	그쪽	そちら	저쪽	あちら	어느 쪽	どちら
状態	이런	こんな	그런	そんな	저런	あんな	어떤	どんな
程度	이렇게	このように	그렇게	そのように	저렇게	あのように	어떻게	どのように

5. 縮約形（指示詞＋助詞）

指示詞	助詞	−이	…が	−은	…は	−을	…を
이것	これ	이게	これが	이건	これは	이걸	これを
그것	それ	그게	それが	그건	それは	그걸	それを
저것	あれ	저게	あれが	저건	あれは	저걸	あれを
어느 것	どれ	어느 게	どれが	어느 건	どれは	어느 걸	どれを

指示詞	助詞	−은	…は	−을	…を
여기	ここ	여긴	ここは	여길	ここを
저기	そこ	저긴	そこは	저길	そこを
거기	あそこ	거긴	あそこは	거길	あそこを
어디	どこ	어딘	どこは	어딜	どこを

付録

6. 数詞のまとめ

（1）漢数詞

일	이	삼	사	오	육	칠	팔	구	십
一	二	三	四	五	六	七	八	九	十
백	천	만	억						
百	千	万	億						

일층	이층	삼층	사층	오층	육층	칠층	팔층	구층	십층
1階	2階	3階	4階	5階	6階	7階	8階	9階	10階
백 원	천 원	만 원	일억 원						
百ウォン	千ウォン	一万ウォン	一億ウォン						

일	월	년	분	원	층	호실
日	月	年	分	ウォン	階	号室

（2）固有数詞

하나	둘	셋	넷	다섯	여섯	일곱	여덟	아홉	열
一つ	二つ	三つ	四つ	五つ	六つ	七つ	八つ	九つ	十
열하나	열둘	열셋	열넷	열다섯	열여섯	열일곱	열여덟	열아홉	스물
十一	十二	十三	十四	十五	十六	十七	十八	十九	二十
서른	마흔	쉰	예순	일흔	여든	아흔			
三十	四十	五十	六十	七十	八十	九十			

한 살	두 살	세 살	네 살	다섯 살	여섯 살	일곱 살	여덟 살	아홉 살	열 살
1歳	2歳	3歳	4歳	5歳	6歳	7歳	8歳	9歳	10歳
열한 살	열두 살	열세 살	열네 살	열다섯 살	열여섯 살	열일곱 살	열여덟 살	열아홉 살	스무 살
11歳	12歳	13歳	14歳	15歳	16歳	17歳	18歳	19歳	20歳

시	시간	개	장	마리	권	명
時	時間	個	枚	匹	冊	名

7. 用言のさまざまな活用

（1） ㄹ語幹の用言

　만들다「作る」、길다「長い」など、語幹がㄹで終わるㄹ語幹の用言にㄴ、ㅂ、ㅅ、오、パッチムのㄹで始まる語尾がつくと、語幹末のㄹが脱落します。

＊ㄹが脱落する場合

基本形	＋-는	＋-ㅂ니다·습니다	＋-(으)세요	＋-(으)ㄹ
만들다	만드는	만듭니다	만드세요	만들

＊ㄹが脱落しない場合

基本形	＋-지요?	＋-(으)면	＋-(으)려고	＋-아요/어요
만들다	만들지요?	만들면	만들려고	만들어요

　なお、上記「ㄹが脱落しない場合」の「만들면」や「만들려고」のように、으で始まる語尾がつく際、으は不要です。

　ㄹ語幹の用言には、살다「住む、生きる、暮らす」、울다「泣く、鳴く」、놀다「遊ぶ」、열다「開ける」、알다「知る、分かる」、팔다「売る」、멀다「遠い」、などがあります。

（2） 으語幹の用言

　바쁘다「忙しい」、예쁘다「きれいだ」、크다「大きい」など、語幹が母音ㅡで終わる으語幹の用言は、-아요/어요など③のタイプの語尾がつくと、語幹末のㅡが脱落します。その上で、残った語幹の最後の母音がㅏ・ㅗなら아で始まる語尾を、それ以外の母音なら어で始まる語尾をつけます。語幹が1音節の場合には、ㅡを取って어で始まる語尾をつけます。

基本形	＋-지요?	＋-(으)면	＋-아요/어요
바쁘다	바쁘지요?	바쁘면	바빠요（語幹のㅡが脱落してㅏ요）
예쁘다	예쁘지요?	예쁘면	예뻐요（語幹のㅡが脱落してㅓ요）
크다	크지요?	크면	커요（語幹のㅡが脱落してㅓ요）

　으語幹の用言には、쓰다「使う」「書く」、아프다「痛い」、고프다「空腹だ」などがあります。

（3） 르変則活用の用言

　빠르다「速い、早い」、부르다「呼ぶ」など、語幹が르で終わる用言の一部は、-아요/어요など③のタイプの語尾がつくと、語幹末の르がㄹㄹになります。その上で、残った語幹の最後の母音がㅏ・ㅗなら아で始まる語尾を、それ以外の母音なら어で始まる語尾をつけます。

基本形	+-지요?	+-(으)면	+-아요/어요
빠르다	빠르지요?	빠르면	빨라요 (語幹の르가ㄹㄹになってㅏ요)
부르다	부르지요?	부르면	불러요 (語幹の르가ㄹㄹになってㅓ요)

모르다「知らない、分からない」など、語幹が르で終わる用言の大部分が該当しますが、따르다「従う」、들르다「立ち寄る」など一部は으語幹の用言と同じ活用をします。また이르다「至る」、푸르다「青い」などは러不規則活用（本書では扱いません）と呼ばれる活用をします（例：이르러요「至ります」、푸르러요「青いです」）。

（4）ㅂ変則活用の用言

가깝다「近い」、덥다「暑い」など、語幹がㅂで終わる用言の一部は、−(으)면など②のタイプの語尾、または−아요/어요など③のタイプの語尾がつくと、語幹末のㅂが우に変わります。

基本形	+-지요?	+-(으)면	+-아요/어요
가깝다	가깝지요?	가까우면 (語幹のㅂが우に)	가까워요 (語幹のㅂが우に)
덥다	덥지요?	더우면 (語幹のㅂが우に)	더워요 (語幹のㅂが우に)

語幹がㅂで終わる形容詞は、좁다「狭い」と수줍다「内気だ」を除いたほとんどがㅂ変則活用の用言です。動詞では、눕다「横になる」、굽다「焼く、あぶる」など一部が該当します。

また、곱다「美しい」と돕다「手伝う」のみ、③のタイプの語尾がついた場合に、ㅂが오に変わります。

돕다 ＋ −아/어 주세요 ⇒ 도와 주세요 「手伝ってください」

cf. 돕다 ＋ −(으)면 ⇒ 도우면 「手伝えば」

なお、変則活用でない、正則活用の用言は以下のように活用します（上記の語尾をつけた例）。

例 잡다「つかむ」：잡지요？/잡으면/잡아요

（5）ㄷ変則活用の用言

듣다「聞く」、묻다「尋ねる」など、語幹がㄷで終わる用言の一部は、−(으)면など②のタイプの語尾、または−아요/어요など③のタイプの語尾がつくと、語幹末のㄷがㄹに変わります。

基本形	+-지요?	+-(으)면	+-아요/어요
듣다	듣지요?	들으면 (語幹のㄷがㄹに)	들어요 (語幹のㄷがㄹに)
묻다	묻지요?	물으면 (語幹のㄷがㄹに)	물어요 (語幹のㄷがㄹに)

걷다「歩く」、알아듣다「理解する、聞き取る」、싣다「載せる」などが該当します。

なお、ㄹ語幹の用言とは異なり、ㄹに変わった後は脱落が起こりません。

듣다 + -(으)니까　⇒　**들**으니까　「聞くので」

cf. 듣다 + -(으)니까　⇒　**드**니까　「かかるので」

正則活用の用言は以下のように活用します（上記の語尾をつけた例）。

　例　닫다「閉める」：닫지요？／닫으면／닫아요

（6）ㅅ変則活用の用言

　낫다「治る」「ましだ」、짓다「建てる、作る」など、語幹がㅅで終わる用言の一部は、−(으)면など②のタイプの語尾、または−아요/어요など③のタイプの語尾がつくと、語幹末のㅅが脱落します。

基本形	+−지요？	+−(으)면	+−아요/어요
낫다	낫지요？	**나**으면（語幹のㅅが脱落）	**나**아요（語幹のㅅが脱落）
짓다	짓지요？	**지**으면（語幹のㅅが脱落）	**지**어요（語幹のㅅが脱落）

　긋다「（線を）引く」、붓다「注ぐ」「腫れる」、젓다「漕ぐ、かき混ぜる」などが該当します。

　なお、ㅅが脱落した後は、縮約等は起きません。通常の母音語幹の例と比べてみましょう。

　cf. 나다 + −아요/어요　⇒　**나**요　×**나아**요「出ます」

正則活用の用言は以下のように活用します（上記の語尾をつけた例）。

　例　웃다「笑う」：웃지요？／웃으면／웃어요

（7）ㅎ変則活用の用言

　까맣다「黒い」、그렇다「そのようだ」など、語幹がㅎで終わる形容詞は、−(으)면など②のタイプの語尾がつくと、語幹末のㅎが脱落します。また−아요/어요など③のタイプの語尾がつくと、語幹末のㅎが脱落し、語幹末の母音ㅏ／ㅓがㅐに変わります。

基本形	+−지요？	+−(으)면	+−아요/어요
까맣다	까맣지요？	**까마**면（語幹のㅎが脱落）	**까매**요（語幹のㅏがㅐに）
그렇다	그렇지요？	**그러**면（語幹のㅎが脱落）	**그래**요（語幹のㅓがㅐに）

　노랗다「黄色い」、빨갛다「赤い」、파랗다「青い」、하얗다「白い」、이렇다「このようだ」、저렇다「あのようだ」、어떻다「どのようだ」などが該当します。좋다「良い」はこれに該当せず、以下のように活用します（正則活用）。

　例　좋다「良い」：좋지요？／좋으면／좋아요

　また、아/어で始まる語尾・接尾辞がつく場合に、語幹末の母音がㅐ以外に変わる用言があります。

　거멓다「薄黒い」　＋−아요/어요　⇒　거메요（語幹末の母音がㅔ・一部）

　하얗다「白い」　　＋−아요/어요　⇒　하얘요（語幹末の母音がㅒ）

　부옇다「不透明だ」＋−아요/어요　⇒　부예요（語幹末の母音がㅖ）

91

付録

単語リスト（韓-日）

【固】：固有数詞　【漢】：漢数詞
【固+】：固有数詞と共に用いる助数詞
【漢+】：漢数詞と共に用いる助数詞
＜：縮約形など元の形を示す

ㄱ

가게	店
가격	価格
가깝다	近い
가끔	時々
가능하다	可能だ
가다	行く
가득	いっぱいに
가르치다	教える
가방	カバン
가벼워지다	軽くなる
가볍다	軽い
가수	歌手
가슴	胸
가운데	真ん中、中
가위	はさみ
가을	秋
가장	最も
가져가다	持っていく
가져오다	持ってくる
가족	家族
가지다	持つ
간단하다	簡単だ
간장	醤油
갈다	替える、取り替える
갈비	カルビ〔料理〕
갈비탕	カルビタン〔料理〕
갈아입다	着替える
갈아타다	乗り換える
감기	風邪
감기약	風邪薬
감다	（髪を）洗う
감다	（目を）閉じる
감동하다	感動する
감사	感謝
감사하다	感謝する
감자탕	カムジャタン〔料理〕
갑자기	急に、突然
값	値段
갔다 오다	行ってくる
강	川
강하다	強い
갖다	持つ〔＜가지다〕
같다	同じだ、（…の）ようだ
같이	一緒に

개	犬
개	…個、…つ【固+】
개발하다	開発する
개인적	個人的
개찰구	改札口
거	もの、こと〔＜것〕
거기	そこ
거리	通り
거멓다	黒っぽい、薄黒い
거스름돈	つり銭
거울	鏡
거의	ほとんど、ほぼ
거짓말	嘘
걱정	心配
걱정하다	心配する
건강	健康
건강하다	健康だ
건강히	健康に
건물	建物
건배하다	乾杯する
걷다	歩く
걸	ことを、ものを〔＜것을〕
걸다	（物や電話を）かける、引っかける
걸리다	かかる、引っかかる
걸어가다	歩いていく
걸어서	歩いて
검다	黒い
검정	黒
검토하다	検討する
것	もの、こと
게	ものが、ことが〔＜것이〕
게임	ゲーム
겨우	やっと、ようやく
겨울	冬
결과	結果
결론	結論
결석	欠席
결석하다	欠席する
결정하다	決定する
결혼	結婚
결혼하다	結婚する
경기	競技
경우	場合
경제적	経済的
경주	慶州〔地名〕
경찰	警察
경험	経験
경험하다	経験する
곁	側、横、脇、傍
계단	階段
계란	卵、玉子
계산하다	計算する

계속	ずっと、引き続き
계속되다	継続される、続く
계속하다	継続する、続ける
계시다	いらっしゃる
계획	計画
계획하다	計画する
고급	高級
고기	肉
고등학교	高校
고등학생	高校生
고르다	選ぶ
고맙다	ありがたい
고민하다	悩む
고양이	猫
고장	故障
고장 나다	故障する
고추	トウガラシ
고추장	コチュジャン、トウガラシ味噌
고춧가루	トウガラシの粉
고치다	直す
고프다	空腹だ、（お腹が）空いている
고향	故郷
곡	曲
곤란하다	困る
곧	すぐに、まもなく
골목	路地、細道
곱다	かわいい
곳	ところ
공	〔電話番号など数字の羅列で〕ゼロ
공무원	公務員
공부	勉強
공부하다	勉強する
공연	公演
공연하다	公演する
공원	公園
공짜	ただ、無料
공항	空港
과목	科目
과 사무실	学科事務室
과외	家庭教師
과일	果物
과자	菓子
과장님	課長
과제	課題
관계	関係
관광하다	観光する
관심	関心
괜찮다	大丈夫だ、構わない
교과서	教科書
교사	教師
교수	教授
교수님	教授〔敬称〕

92

교시	…時間目、…校時【漢+】	그렇게	そのように、そう	까맣다	黒い
교실	教室	그렇다	そのようだ、そうだ	깎다	削る、(金額を)まける
교토	京都〔地名〕	그렇지만	そうではあるが、しかしながら	깜박	ちらっと、ぱちりと、うっかり
교통 카드	交通カード	그룹	グループ	깜짝	びっくり
구	九【漢】	그릇	器、容器	깨끗하다	きれいだ、清潔だ
구경	見物	그리고	そして、それから	깨다	覚める
구경하다	見物する	그리다	描く	깨닫다	悟る
구두	靴	그림	絵	꼭	ぜひ、きっと
구름	雲	그만	それくらいで	꽃	花
구월	九月	그만두다	やめる	꽤	かなり、だいぶ
구체적	具体的	그분	その方	꾸다	(夢を)見る
국	スープ、汁	그 사람	彼	꿈	夢
국내	国内	그저께	おととい	끄다	(火・明かり・電気などを)消す
국밥	クッパ〔料理〕	그제	おととい	끊다	断つ、切る
국제전화	国際電話	그쪽	そっち、そちら側	끌다	引く
군대	軍隊	극장	映画館、劇場	끝	終わり
굽다	(肉などを)焼く、炙る	근데	ところで、でも〔<그런데〕	끝나다	終わる
권	…冊【固+】	근처	近所、近く	끝내다	終える、終わらせる
귀	耳	글	文、文章、文字		
귀국하다	帰国する	글자	文字		ㄴ
귤	ミカン	금방	すぐに	나	私、おれ
그	その、〔話の現場にないものを指して〕あの	금요일	金曜日	나가다	出ていく、出る
		급	…級【漢+】	나누다	分ける、(話など)交わす
그	彼	급하다	急いでいる、急である	나다	出る
그거	それ、〔話の現場にないものを指して〕あれ〔<그것〕	긋다	(線を)引く	나라	国
		기다리다	待つ	나머지	残り
그건	それは、(話の現場にないものを指して)あれは〔<그것은〕	기대	期待	나무	木
		기분	気分	나뭇잎	木の葉
그것	それ、〔話の現場にないものを指して〕あれ	기쁘다	嬉しい	나빠지다	悪くなる
		기사	記事	나쁘다	悪い
그게	それが、〔話の現場にないものを指して〕あれが〔<그것이〕	기숙사	寮、寄宿舎	나서다	(前へ)出る、乗り出す
		기술	技術	나아지다	良くなる、ましにな　る
		기억	記憶	나오다	出てくる、出る
그날	その日、〔過去のある一日を指して〕あの日	기억하다	記憶する、覚えている	나이	歳、年齢
		기온	気温	나타나다	現れる
그냥	ただ、何となく、そのまま	기운	機運、気配	나타내다	表す
그녀	彼女	기차	汽車	나흘	四日
그대로	そのまま	기침하다	咳をする	날	日
그동안	その間	기타	ギター	날다	飛ぶ
그들	彼ら、彼女ら	기회	機会、チャンス	날씨	天気
그때	その時、〔過去のある一点を指して〕あの時	긴장되다	緊張する	날짜	日付、日取り
		길	道	남	他人
그래도	そう(するに)しても、そうであっても〔<그리하여도〕	길거리	路上	남-	男…
		길다	長い	남기다	残す
그래서	それで、そうして	길이	長さ	남다	残る
그러나	しかし、だが、けれど	김	〔連体形に続けて김에の形で〕(…する)ついでに	남대문시장	南大門市場〔地名〕
그러니까	だから			남동생	弟
그러다	そうする、そう言う	김밥	キンパプ〔料理〕	남북	南北
그러면	それなら、では	김치	キムチ〔料理〕	남성	男性
그런	そんな、そのような	김치찌개	キムチチゲ〔料理〕	남자	男、男性
그런데	ところで、でも	깊다	深い	남자 친구	ボーイフレンド
그럼	それでは、では、じゃあ	깊이	深く	남쪽	南、南の方
그럼요	もちろんです	까마귀	カラス	남편	夫

93

낫다	ましだ、より良い	
낫다	治る	
낮	昼、昼間	
낮다	低い	
내	私の…〔<나의〕	
내	…内	
내가	私が、僕が	
내년	来年	
내다	出す	
내려오다	下りてくる、下りる	
내리다	下りる、降りる、下がる	
내용	内容	
내일	明日	
내일모레	明後日	
냄새	匂い	
냉면	冷麺〔料理〕	
냉장고	冷蔵庫	
너	お前、あんた	
너무	あまりにも、ひどく	
너희	お前たち、お前ら	
널리	広く	
넓다	広い	
넘다	越える、超す	
넘어지다	転ぶ、倒れる	
넣다	入れる	
네	はい、ええ	
네	お前の〔<너의〕	
네	四つの…【固】	
네가	お前が	
넥타이	ネクタイ	
넷	四つ【固】	
년	…年【漢+】	
년대	…年代【漢+】	
년생	…年生まれ【漢+】	
노랗다	黄色い	
노래	歌	
노래방	カラオケ	
노력	努力	
노력하다	努力する	
노인	老人	
노트	ノート	
녹다	溶ける	
놀다	遊ぶ	
놀라다	驚く	
농구	バスケットボール	
높다	高い	
높아지다	高くなる	
놓다	置く	
누가	誰が	
누구	誰、誰か	
누구나	誰でも	
누나	〔男性から見た〕お姉さん	
누르다	(ボタンなどを)押す	

누르다	黄色い
눈	雪
눈	目
눈물	涙
눕다	横になる、横たわる
뉴스	ニュース
느껴지다	感じられる
느끼다	感じる
느낌	感じ
늘	いつも、常に
늘다	増える、(力が)伸びる
늘어나다	増える、(長さが)伸びる
늦다	遅い、遅れる
늦잠	〔늦잠을 자다で〕寝坊する
님	…様、…殿

ㄷ

다	全部、全て
다녀오다	行ってくる
다니다	通う
다다음 주	再来週
다루다	扱う
다르다	違う、異なる
다리	橋
다리	脚
다섯	五つ (の)【固】
다시	再び、もう一度
다음	次
다음날	翌日
다음 달	来月
다음 주	来週
다음 해	翌年
다치다	怪我をする
다코야키	たこやき
다행	幸い、幸せ
닦다	磨く、拭く
단어	単語
닫다	閉める、閉じる
달	月
달다	甘い
달다	〔-아/어 달라고で〕…してくれと
달라지다	変わる
달력	カレンダー
달리다	走る
닭	鶏
닭갈비	タッカルビ〔料理〕
닮다	似ている
담다	(器などに)盛る、入れる
담배	タバコ
답	〔問いに対する〕答え
답장	返事、返信
답장하다	返信する
답하다	答える、返事する

닷새	五日
당분간	当分の間
당시	当時
당신	あなた、お前
당연히	当然
대다	触れる
대단히	大変、非常に
대답	返事、〔呼びかけに対する〕答え
대답하다	答える、返事する
대신	身代わりに、代理で、代わりに
대전	テジョン〔大田・地名〕
대짜	〔鍋物料理などのサイズとして〕大
대책	対策
대표	代表
대하다	〔-에 대해(서)の形で〕…について、…に対して、〔-에 대한の形で〕…についての、…に対する
대학	大学、学部
대학교	大学、総合大学
대학생	大学生
대학원	大学院
대화	対話
댁	お宅
더	もっと、より
더욱	もっと、一層、更に
더욱더	より一層
더운물	お湯、熱湯
덕분에	おかげで
덜	少なめに、少なく
덥다	暑い
데	〔連体形について〕ところ
도	道
도	度
도대체	一体
도로	道路
도서관	図書館
도시	都市
도시락	お弁当
도와주다	手伝う、手伝ってあげる
도움	助け
도장	ハンコ、印鑑
도착	到着
도착하다	到着する
도쿄	東京〔地名〕
도톤보리	道頓堀〔地名〕
독서	読書
독서하다	読書する
독일어	ドイツ語
돈	お金、金
돌	石

돌다	回る	또	また	맡기다	任せる、委ねる、預ける
돌려주다	返す	뛰다	跳ねる、走る	맡다	引き受ける
돌아가다	帰る、戻る、回っていく	뜨다	(目を) 開ける	매-	毎…
돌아다니다	歩き回る、さまよう	뜨다	浮かぶ、(日が) 上る	매달	毎月
돌아오다	帰ってくる、戻ってくる	뜻	意味、意義	매우	非常に
돕다	手伝う、助ける	뜻하다	意味する	매일	毎日
동	洞〔韓国の行政区画〕	띄다	(目に) つく、目立つ	매장	売り場
동물	動物			매주	毎週
동생	弟、妹	**ㄹ**		맥주	ビール
동아리	サークル、仲間	라디오	ラジオ	맵다	辛い
동안	間、期間	라면	ラーメン	머리	頭、髪
동쪽	東、東の方	리무진 버스	リムジンバス	먹다	食べる
돼지	ブタ			먼저	まず、先に
되다	(…に) なる、(…しても) よい	**ㅁ**		멀다	遠い
두	二つの…【固】	마감	締め切り	멋있다	素敵だ
두다	置く	마당	庭、広場	메뉴	メニュー
두부	豆腐	마리	…匹、…頭、…羽【固＋】	메뉴판	メニュー
둘	二つ【固】	마시다	飲む	메일	メール
둘러보다	見回す、見渡す	마음	心	메일하다	メールする
뒤	後、裏	마지막	最後	며칠	何日 (か)
드디어	ついに	마찬가지	同様、同じ	면세점	免税店
드라마	ドラマ	마치	まるで、あたかも	명	…人、…名
드리다	差し上げる	마치다	終える	명동	ミョンドン〔明洞・地名〕
드시다	召し上がる	마흔	四十 (の)【固】	몇	何 (なん) …
듣다	聞く	막히다	つまる、〔길이 막히다の形で〕 道が混む	몇 월	何月
들	…達	만	万【漢】	모두	皆、全て
들다	入る、(お金が) かかる	만나다	会う	모든	全ての…
들다	挙げる、持つ	만들다	作る	모레	明後日
들르다	寄る、立ち寄る	만들어지다	作られる	모르다	知らない、分からない
들리다	聞こえる	만약	万一、もし	모시다	(目上の相手を) 案内する、お連れする
들어가다	入っていく、入る	만일	万一、もし (も)、仮に		
들어오다	入ってくる、入る	만화	漫画	모양	模様、様子、形、格好
들어주다	聞き入れる、聞いてあげる	만화책	漫画、漫画本	모으다	集める
등	背、背中	많다	多い	모이다	集まる
등	灯、ランプ、明かり	많아지다	増える、多くなる	모임	集まり
등	…など	많이	多く、たくさん、かなり	모자	帽子
등산하다	登山する	말	ことば	모자라다	足りない、不足している
디브이디	DVD	말	…末	목	首、喉
따뜻하다	あたたかい	말다	(途中で) やめる	목소리	声
따로따로	別々に	말씀	おことば	목요일	木曜日
따르다	従う、(…に) よる	말씀드리다	申し上げる	목욕	入浴
딱	ぴったり、ちょうど	말씀하시다	おっしゃる	목욕하다	入浴する、お風呂に入る
딸	娘	말하다	言う、話す	목적	目的
딸기	イチゴ	맑다	澄んでいる、(天気が) 晴れている	목적지	目的地
땀	汗			몸	身体
때	とき	맛	味	못	…できない
때문에	…のために、…のせいで	맛없다	まずい、おいしくない	못하다	できない
떠나가다	去っていく、去る	맛있다	美味しい	무겁다	重い
떠나다	去る、出発する	맛집	美味しいお店	무게	重さ
떠들다	騒ぐ	맞다	合う	무늬	模様
떡	餅	맞은편	向かい側	무료	無料
떡볶이	トッポッキ〔料理〕	맞추다	当てる、合わせる	무섭다	怖い、恐ろしい
떨어지다	落ちる			무슨	何の…、どんな…

무시하다	無視する
무엇	何、何か
무역	貿易
무조건	無条件に
무척	非常に、ひどく、甚だしく、とても
문	ドア
문법	文法
문자	文字、〔携帯電話の〕メール
문장	文
문제	問題
문화	文化
묻다	尋ねる
물	水
물건	物、品物
물고기	〔生物としての〕魚
물어보다	尋ねる、聞いてみる
뭐	〔話しことばで〕何〔＜무엇〕
뭘	何を〔＜무엇을〕
미국	アメリカ
미래	未来
미리	前もって、あらかじめ
미소	微笑
미안	ごめん
미안하다	すまない
미터	メートル
믿다	信じる
밑	下、底

	ㅂ
바꾸다	替える、交換する
바뀌다	替わる、交替する
바다	海
바라다	願う
바람	風
바로	すぐ、直ちに
바쁘다	忙しい
바지	ズボン
박물관	博物館
박수	拍手
밖	外
반	半、半分
반갑다	（会えて）嬉しい
반납하다	返却する、返納する
반년	半年
반달	半月
반대하다	反対する
반드시	必ず
반응	反応
반찬	おかず
받다	受け取る、もらう、受ける
발	足
발생하다	発生する
발음	発音

발표	発表
발표되다	発表される
발표하다	発表する
밝다	明るい
밝히다	明らかにする
밤	夜、晩
밤낮	昼夜
밥	ご飯
방	部屋
방법	方法
방송	放送
방학	（学校の）休暇、休み
방향	方向
배	梨
배	お腹、腹
배	船
배구	バレーボール
배부르다	満腹だ
배우	俳優
배우다	習う、学ぶ
배추	白菜
백	百【漢】
백화점	デパート、百貨店
버릇	くせ
버리다	捨てる、〔-아/어の形に続けて〕…してしまう
버스	バス
버스 정류장	バス停留所
버튼	ボタン
번	…番【漢＋】、…度【固＋】
번역	翻訳
번역하다	翻訳する
번째	…番目、…度目【固＋】
번호	番号
벌	…着【固＋】
벌다	稼ぐ
벌써	もう、既に
벗다	脱ぐ
벚꽃	サクラ
벽	壁
변경되다	変更される
별	星
별것	変わったもの・こと、大したもの・こと、他のもの
별로	〔否定的な文脈で〕別に、あまり、さほど
병	病気
병	〔ビンなどを数える際に〕…本【固＋】
병원	病院
보고서	報告書
보고하다	報告する
보내다	送る

보다	見る、会う
보이다	見える、見せる
보일러	ボイラー、暖房
보통	普通
보호	保護
복도	廊下
복잡하다	複雑だ
볶다	炒める
볼펜	ボールペン
봄	春
봄 방학	春休み
봉지	袋
봉투	封筒、袋
뵙다	お目にかかる
부담	負担
부드럽다	柔らかい
부르다	いっぱいだ
부르다	呼ぶ、（歌を）歌う
부르다	（お腹が）いっぱいだ、満腹だ
부모	父母、両親
부모님	ご両親〔敬称〕
부부	夫婦
부분	部分
부산	プサン〔釜山・地名〕
부옇다	不透明だ、ぼやけている
부인	奥様〔他人の妻に対する敬称〕
부장	部長
부장님	部長〔敬称〕
부치다	〔郵便などで〕送る
부탁	お願い、頼み
부탁하다	お願いする、頼む
북쪽	北、北の方
분	…分【漢＋】
분	方〔人の尊敬語〕
분식	プンシク〔キンパプ、ラーメンなどの軽食〕
불	火、明かり
불가능하다	不可能だ
불고기	プルコギ〔料理〕
불다	吹く
불안하다	不安だ
불판	〔焼肉料理などで用いられる〕鉄板
붓다	注ぐ
붓다	腫れる
붙다	つく、（試験に）受かる
붙이다	つける、くっつける
비	雨
비교하다	比較する、比べる
비누	石鹸
비다	空いている
비디오	ビデオ
비밀	秘密

비밀번호	パスワード	살펴보다	詳しく見る、調べる	섬	島
비빔밥	ビビンバ〔料理〕	살찌다	太る、肉がつく	성격	性格
비슷하다	ほとんど同じだ	삼	三【漢】	성공	成功
비싸다	(値段が)高い	삼각형	三角形	성공하다	成功する
비용	費用	삼겹살	サムギョプサル〔料理〕	성함	お名前〔이름の尊敬語〕
비우다	空ける	삼계탕	サムゲタン〔料理〕	세	…歳【漢+】
비행기	飛行機	삼월	三月	세	三つの…【固】
빌리다	借りる	상관	関係、関わり	세다	(力が)強い
빠르다	速い	상관없이	関係なく、関わりなく	세다	数える
빠지다	抜ける	상대	相手	세상	世の中
빠짐없이	抜けることなく、もれなく	상대하다	相手をする	세수	洗顔
빨간색	赤、赤色	상자	箱	세수하다	洗顔する、顔を洗う
빨갛다	赤い	상태	状態	세우다	立てる
빨다	洗濯する	상품	商品	세월	歳月、月日
빨리	速く	상황	状況	세탁	洗濯
빵	パン	새	鳥	센티미터	センチメートル
뻔하다	〔-(으)ㄹ 뻔했다の形式で〕(危	새	新…	셀프	セルフサービス
	うく)…するところだった、…	새것	新品	셋	三つ【固】
	しそうだった	새로	新たに、新しく	셔츠	シャツ
뿐	…だけ、…のみ、…ばかり	새로워지다	新しくなる	소	牛
		새롭다	新しい	소개하다	紹介する
ㅅ		새벽	夜明け、明け方	소고기	牛肉
사	四【漢】	새해	新年	소금	塩
사거리	交差点、十字路	색	色	소리	音、声
사건	事件	색깔	色	소문	うわさ
사고	事故	생각	考え、思い	소설	小説
사과	りんご	생각하다	考える、思う	소설가	小説家
사다	買う	생기다	生じる、できる	소식	知らせ、消息、ニュース
사라지다	なくなる、消え失せる	생선	〔食べ物・食材としての〕魚	소주	焼酎
사람	人	생일	誕生日	소중하다	大切だ
사랑	愛、恋	생활	生活	소짜	〔鍋物料理などのサイズとし
사랑하다	愛する、慈しむ	생활하다	生活する		て〕小
사실	事実	서다	立つ	소포	小包
사용되다	使用される、使われる	서두르다	急ぐ	속	内、中、腹具合、胸中
사용하다	使用する、使う、用いる	서로	互いに、お互い	속옷	下着
사월	四月	서류	書類	손	手
사이	間	서른	三十(の)【固】	손가락	(手の)指
사이즈	サイズ	서울	ソウル〔地名〕	손님	お客さん、客
사인	サイン、署名	서점	書店、本屋	손수건	手ぬぐい、ハンカチ
사장	社長	서쪽	西、西の方	손잡이	手すり
사장님	社長〔敬称〕	선	線	쇠고기	牛肉
사전	辞書、辞典	선물	プレゼント、贈り物	쇼핑	ショッピング
사정	事情	선물하다	プレゼントする	쇼핑하다	ショッピングする、買い物する
사진	写真	선배	先輩	수건	タオル、手拭き
사촌	いとこ	선배님	先輩〔敬称〕	수고	苦労
사회	社会	선생님	先生	수고하다	苦労する
사흘	三日	선수	選手	수도	首都
산	山	선택하다	選択する	수도	水道
산책	散歩	설렁탕	ソルロンタン〔料理〕	수리하다	修理する
살	肉、肌	설명	説明	수술	手術
살	…歳【固+】	설명하다	説明する	수업	授業
살다	生きる、住む、暮らす	설사하다	下痢をする	수업하다	授業する
살리다	生かす	설탕	砂糖	수영	水泳、スイミング

付録

수영장	プール	식후	食後	아무도	〔否定の文脈で〕誰も（…ない）
수요일	水曜日	신	神	아무리	いくら（…しても）
수준	水準	신고되다	届けられる	아버님	お父さま〔아버지の尊敬語〕
수줍다	内気だ、恥ずかしがり屋だ	신고하다	申告する、届ける	아버지	父、お父さん
수학	数学	신다	（履物を）履く	아빠	パパ、お父さん
숙소	宿、宿泊先	신문	新聞	아쉽다	心残りだ、名残惜しい
숙제	宿題	신발	履物、靴	아이	子ども
숙제하다	宿題する	신제품	新製品	아이스크림	アイスクリーム
순대	スンデ〔料理〕	신호등	信号灯	아저씨	おじさん
순두부찌개	スンドゥブ〔料理〕	싣다	載せる	아주	とても、非常に
순서	順序	실력	実力	아주머니	おばさん
숟가락	スプーン、匙	실례	失礼	아줌마	おばさん
술	酒、お酒	실례하다	失礼する	아직	まだ
숨다	隠れる	실수	失敗	아직까지	未だに、今まで
숫자	数字	실제로	実際に	아직도	未だに
쉬다	休む	싫다	いやだ、嫌いだ	아침	朝、朝ご飯
쉰	五十（の）【固】	싫어하다	嫌う、嫌がる	아침저녁	朝晩
쉽다	易しい、簡単だ	심각하다	深刻だ	아파트	マンション
슈퍼	スーパーマーケット	심심하다	退屈だ	아프다	痛い、具合が悪い
스마트폰	スマートフォン	심하다	ひどい、甚だしい	아홉	九つ（の）【固】
스무	二十の…【固】	십	十【漢】	아흐레	九日
스물	二十【固】	십이월	十二月	아흔	九十（の）【固】
스케이트	スケート	십일월	十一月	안	中、内
스키	スキー	싸다	安い	안	…ない〔用言の前に置く〕
스타	スター	싸다	包む	안경	眼鏡
스타일	スタイル	싸우다	戦う、争う、けんかする	안내	案内
스트레스	ストレス	쌀	米	안내하다	案内する
스페인어	スペイン語	쌓이다	積もる、たまる、重なる	안녕	安寧、平穏
스포츠	スポーツ	쓰다	（帽子を）かぶる、（傘を）さす、（メガネを）かける	안녕하다	元気だ、安寧だ
슬프다	悲しい			안되다	うまくいかない、だめだ
시	…時【固＋】	쓰다	使う	안부	安否
시	…市	쓰다	書く	안색	顔色
시간	時間	쓰레기	ゴミ	안전하다	安全だ
시계	時計	쓰레기통	ゴミ箱	안쪽	内側
시골	田舎	씨	〔フルネームまたは名前につけて〕…さん	앉다	座る
시끄럽다	うるさい、騒がしい			않다	…ない〔動詞や形容詞の否定文を作る〕
시내	市内	씻다	洗う		
시디	CD			알다	知る、分かる
시부야	渋谷〔地名〕	**ㅇ**		알리다	知らせる
시원하다	涼しい、爽快だ	아!	ああ	알아듣다	聞き取る、理解する
시월	十月	아가씨	お嬢さん	알아보다	調べる、見分ける
시작	始まり、始め	아까	さっき、先ほど	앞	前
시작되다	始まる	아끼다	惜しむ、節約する	앞뒤	前後
시작하다	始める	아내	妻	앞으로	今後、これから、この先
시장	市場	아뇨	いいえ	애	子ども〔＜아이〕
시청	市庁	아니다	（…では）ない〔指定詞〕	앱	アプリ
시키다	注文する、…させる	아들	息子	야구	野球
시합	試合	아래	下、下の方	야채	野菜
시합하다	試合する	아르바이트	アルバイト	약	薬
시험	試験	아름답다	美しい、きれいだ	약속	約束
식당	食堂	아마	おそらく、たぶん	약속하다	約束する
식사	食事	아무	〔否定の文脈で〕何の…、誰も	약하다	弱い
식사하다	食事する	아무것	〔否定の文脈で〕何も（…ない）	얇다	薄い

98

양	量	여기서	ここで、ここから〔＜여기에서〕	예문	例文
양말	靴下	여기저기	あちこち	예쁘다	かわいい、きれいだ
양복	スーツ、背広	여덟	八つ (の)【固】	예순	六十 (の)【固】
양쪽	両側、両方	여동생	妹	예약	予約
얘기	話〔＜이야기〕	여드레	八日	예약하다	予約する
얘기하다	話す〔＜이야기하다〕	여든	八十 (の)【固】	예정	予定
어	あっ、ああ	여러	いくつかの	예정하다	予定する
어깨	肩	여러 가지	多くの種類、各種、いろいろ (な)	옛날	昔
어느	どの			오	五【漢】
어느 것	どれ	여러분	皆さん	오늘	今日
어느 게	どれが〔＜어느 것〕	여름	夏	오다	来る、(雨・雪が) 降る
어둡다	暗い	여름 방학	(学校の) 夏休み	오뎅	おでん
어디	どこ (か)、どちら	여섯	六つ (の)【固】	오래	久しく、長い間
어디서	どこ (か) から、どこ (か) で	여성	女性	오래간만	久しぶり
어떤	どんな	여자	女、女性	오랜만	久しぶり〔＜오래간만〕
어떻게	どのように、どんなに	여자 친구	ガールフレンド	오랫동안	長い間
어떻다	どのようだ、どんなふうだ	여쭈다	お伺いする	오르다	上がる、登る
어렵다	難しい	여행	旅行	오른쪽	右側
어른	大人、目上の人	여행하다	旅行する	오빠	〔女性から見た〕お兄さん
어리다	幼い、若い	역	駅	오사카	大阪【地名】
어린이	子供、児童	역사	歴史	오사카성	大阪城
어머니	母、お母さん	역시	やはり	오월	五月
어머님	お母さま〔어머니の尊敬語〕	역할	役割	오이	キュウリ
어서	〔主に命令や勧誘の文脈で〕速く、さあ	연구실	研究室	오전	午前
		연구원	研究員	오해	誤解
어울리다	似合う、ふさわしい	연극하다	演劇をする、芝居をする	오후	午後
어저께	昨日	연락	連絡	오히려	むしろ、かえって
어제	昨日	연락처	連絡先	올	今年 (の)〔＜올해〕
어젯밤	昨夜、昨日の夜	연락하다	連絡する	올라가다	登る、上がる
어째서	どうして、なぜ	연세	お歳〔나이の尊敬語〕	올라오다	登ってくる、上がってくる
어쩌다	どうする	연수	研修	올리다	上げる
어쩌다가	偶然に、図らずも	연습	練習	올해	今年
어쩌면	どうかすると	연습하다	練習する	옮기다	移す
어쩐지	どういうわけか	연예인	芸能人	옳다	正しい
어쩔 수 없이	仕方なく	연필	鉛筆	옷	服
억	億【漢】	열	熱	완성	完成
언니	〔女性から見た〕お姉さん	열	十 (の)【固】	완성되다	(…が) 完成する、出来上がる
언제	いつ (か)	열다	開ける	완성하다	(…を) 完成する
언제나	いつも	열리다	開かれる、開く	왜	なぜ、どうして
언제든지	いつでも	열쇠고리	キーホルダー	왜냐면	なぜならば、なぜかというと
얻다	得る、手に入れる	열심히	熱心に、一生懸命	외국	外国
얼굴	顔	열흘	十日	외국어	外国語
얼른	早く、すぐ	엿새	六日	외국인	外国人
얼마	いくら (か)、どのくらい	영	零、ゼロ	외우다	覚える
얼마나	どれくらい、どれほど	영국	イギリス、英国	외할머니	〔母方の〕お祖母さん、祖母
엄마	ママ、お母さん	영수증	領収証	왼쪽	左側
없다	ない、いない	영어	英語	요리	料理
에어컨	エアコン、クーラー	영향	影響	요일	曜日
엔	…円〔日本の貨幣単位〕【漢＋】	영화	映画	요즘	最近、この頃
엘리베이터	エレベーター	옆	横、隣	요코하마	横浜【地名】
여-	女…	옆방	隣の部屋	용서하다	許す、容赦する
여권	パスポート、旅券	예	例	우동	うどん
여기	ここ			우리	私たち、我々

99

付録

우리나라	わが国
우산	傘、雨傘
우선	まず
우선하다	優先する
우유	牛乳
우체국	郵便局
우편물	郵便物
우표	切手
운동	運動
운동선수	運動選手
운동하다	運動する
운전	運転
운전하다	運転する
울다	泣く
움직이다	動く、動かす
웃다	笑う
원	…ウォン〔韓国の貨幣単位〕【漢+】
원룸	ワンルーム
원인	原因
원하다	願う、望む
월요일	月曜日
웬일	どういうこと、何ごと
위	上
위험하다	危険だ、危ない
유럽	ヨーロッパ
유명하다	有名だ
유실물센터	忘れ物預かりセンター
유원지	遊園地
유월	六月
유자차	ゆず茶
유지하다	維持する
유학	留学
유학하다	留学する
육	六【漢】
은행	銀行
음…	うーん
음료수	飲み物
음반	CD、レコード
음식	食べ物
음악	音楽
응원하다	応援する
의견	意見
의무	義務
의미	意味
의사	医師、医者
의자	椅子
이	二【漢】
이	この
이	歯
이거	これ〔<이것〕
이건	これは〔<이것은〕
이걸	これを〔<이것을〕

이것	これ
이것저것	あれこれ
이게	これが、これは〔<이것이〕
이기다	勝つ
이날	この日
이다	…だ（指定詞）
이달	今月、この月
이대로	このまま
이따가	後で、後ほど
이때	この時、今
이러다	こうする、こう言う
이런	こんな、このような
이렇게	このように、こんなに
이렇다	このようだ、こんなふうだ
이레	七日
이르다	至る、着く
이르다	早い
이름	名前
이마	額
이메일	Eメール
이메일 주소	Eメールアドレス
이번	今度、今回
이번 달	今月
이번 주	今週
이분	この方
이사	引越し
이사하다	引っ越す、移転する
이상	以上
이상하다	おかしい、変だ
이야기	話
이야기하다	話をする、話す
이용하다	利用する
이월	二月
이유	理由
이전	以前
이제	今や、もう
이쪽	こっち、こちら側
이틀	二日
이하	以下
이해하다	理解する
이후	以後
익다	焼ける、煮える、熟れる
인	…人【漢+】
인기	人気
인분	…人分【漢+】
인사	挨拶
인사동	インサドン〔仁寺洞・地名〕
인사하다	挨拶する
인생	人生
인터넷	インターネット
일	こと、仕事、用事
일	…日【漢+】
일	一【漢】

일간	…日間【漢+】
일곱	七つ (の)【固】
일본	日本
일본 말	日本語
일본 사람	日本人
일본어	日本語
일본 음식	日本食、日本料理
일상생활	日常生活
일식집	日本料理店
일어나다	起きる
일어서다	立つ、立ち上がる
일요일	日曜日
일월	一月
일으키다	(体・事件などを) 起こす
일정	日程
일찍	早く
일하다	仕事する、働く
일흔	七十 (の)【固】
읽다	読む
잃다	失う、なくす
잃어버리다	失う、なくしてしまう
입	口
입구	入口
입다	着る、（ズボン・スカートなど）穿く
입장	立場
입학	入学
입학하다	入学する
잇다	継ぐ、つなぎ合わせる
있다	ある、いる
있으시다	おありだ
잊다	忘れる
잊어버리다	忘れてしまう
잊혀지다	忘れられる

ㅈ	
자	さあ、いざ、さて
자기	自分、自己
자꾸	しきりに、しょっちゅう
자네	〔対等もしくは目下の相手に〕君、お前
자다	寝る
자동차	自動車
자라다	育つ
자료	資料
자르다	切る、切り離す
자리	席、場所
자세하다	詳しい、詳細だ
자신	自信
자장면	ジャージャー麺〔料理〕
자전거	自転車
자주	しょっちゅう、しばしば
작년	昨年、去年

작다	小さい	전화	電話	주문	注文
작업	作業	전화번호	電話番号	주문하다	注文する
잔	杯、…杯【固＋】	전화하다	電話する	주부	主婦
잔돈	小銭、お釣り	절대	絶対 (に)	주소	住所
잘	よく、上手に	젊다	若い	주스	ジュース
잘되다	よくできる、うまくいく、成功する	점	点	주의하다	注意する
잘못	間違い、間違って	점심	昼、昼食、昼ご飯	주일	週間
잘못하다	間違う、誤りを犯す	점심시간	昼食の時間	주제	主題、テーマ
잘살다	豊かに暮らす	점점	だんだん	죽	お粥
잘하다	(…を) うまくする、上手にする	접수	受け付け	죽다	死ぬ
잠	眠り	접수하다	受け付ける	준비	準備
잠그다	(鍵・ボタンなどを) かける、(戸を) 閉ざす	접시	皿	준비하다	準備する
잠깐	ちょっとの間	젓가락	箸	줄	列、線
잠시	しばらくの間、しばらく	젓다	かき混ぜる、漕ぐ	줄이다	減らす
잡다	つかむ	정	情	줍다	拾う
잡수시다	召し上がる〔먹다、마시다の尊敬語〕	정도	程度、…くらい、…ほど	중	〔複数から選択する際の〕(…の) 中
잡지	雑誌	정류장	停留場	중간	中間、途中
잡채	チャプチェ〔料理〕	정리하다	整理する	중국	中国
장	…枚【固＋】	정말	本当に	중국어	中国語
장소	場所	정부	政府	중국 음식	中国料理
재다	測る、量る	정신	精神、意識	중국집	中華料理屋
재미없다	面白くない、つまらない	정하다	決める	중급	中級
재미있다	面白い	정확하다	正確だ	중요하다	重要だ
저	私	제	私の〔＜저의〕	중짜	〔鍋物料理などのサイズとして〕中
저	あの	제-	第…	중학교	中学校
저	あのう〔間投詞〕	제가	私が	즐겁다	楽しい、うれしい
저건	あれは〔＜저것은〕	제대로	きちんと、まともに	즐기다	楽しむ
저것	あれ	제목	タイトル、題名	지각하다	遅刻する
저고리	チョゴリ〔韓国の伝統衣装の上着〕	제일	一番、第一	지갑	財布
저기	あそこ	제출하다	提出する	지금	今
저기요	〔人に声をかける時に〕すみません、あのですね	제품	製品	지나가다	通り過ぎる、(時間が) 過ぎる
저녁	夜	조	兆【漢】	지나다	過ぎる
저러다	ああする、ああ言う	조금	少し、ちょっと	지나치다	度を越す
저런	あんな、あのような	조사	調査	지난달	先月
저렇게	あのように、あんなに	조선	朝鮮	지난번	この前、この間
저렇다	あのようだ、あんなふうだ	조심하다	注意する、気をつける	지난주	先週
저분	あの方	조용하다	静かだ	지난해	去年、昨年
저쪽	あっち、あちら側	졸업하다	卒業する	지내다	過ごす
저희	私たち、私ども	좀	ちょっと、少し	지다	負ける
적다	少ない	좁다	狭い	지도	地図
적다	書く、記す	종로3가역	鍾路3街駅〔地名〕	지도하다	指導する
적당하다	適当だ	종료하다	終了する	지방	地方
전	(時間的に) 前	종류	種類	지식	知識
전공	専攻	종이	紙	지우개	消しゴム
전철	電車	종일	終日、一日中	지켜보다	見守る
전철역	電車の駅	좋다	良い	지키다	守る
전혀	全く、全然	좋아하다	(…を) 好む、好きだ	지하철	地下鉄
		죄송하다	申し訳ない	지하철역	地下鉄の駅
		주	週	직업	職業
		주다	あげる、くれる	직장	職場
		주말	週末	직접	直接
		주무시다	お休みになる〔자다「寝る」の尊敬語〕		

101

진실	真実	쳐다보다	見上げる、見つめる	케이크	ケーキ
진짜	〔主に話しことばで〕本当に	초	…秒【漢+】	케이팝	K-POP
진찰하다	診察する	초급	初級	켜다	(電気、明かりなどを)つける
진학하다	進学する	초등학교	小学校	코	鼻
진행하다	進行する、進める	초밥	寿司	코리안 타운	コリアンタウン
질	質	초밥 집	寿司屋	코트	コート
질문하다	質問する	최고	最高	콘서트	コンサート
짐	荷物	최근	最近	크다	大きい、(背が)高い
집	家、〔飲食店などの〕店	추다	踊る	큰길	大通り
짓다	建てる、作る、(名前を)つける	추석	中秋節、チュソク	큰일	おおごと、大変なこと
짜다	塩辛い、しょっぱい	추억	思い出	키	背丈
짜리	…に値するもの	추워지다	寒くなる	키티	キティー〔キャラクター名〕
짧다	短い	추천하다	推薦する、薦める	킬로그램	キログラム
짬뽕	ちゃんぽん〔料理〕	축구	サッカー	킬로미터	キロメートル
쪽	～(の)方、～(の)側	축하	お祝い、祝賀		
쭉	まっすぐ(に)、ずっと、一気に	축하하다	祝う		

쯤	…くらい、…ほど	출구	出口		**ㅌ**
찌개	チゲ、鍋料理〔料理〕	출근하다	出勤する	타다	乗る、(スキー、スケートなどを)する
찍다	撮る	출발	出発		
		출발하다	出発する	타월	タオル
	ㅊ	출석하다	出席する	탁구	卓球、ピンポン
차	車	출신	出身	탕수육	酢豚〔料理〕
차	お茶、茶	춤	踊り	태권도	テコンドー
차갑다	冷たい	춤추다	踊る、ダンスをする	태우다	燃やす、焼く
차다	冷たい	춥다	寒い	태우다	乗せる
차다	いっぱいだ	충격	衝撃、ショック	태풍	台風
차라리	どうせ、いっそのこと	충분히	十分(に)	택배	宅配
차례	順序、順番、目次	취미	趣味	택시	タクシー
차이	差異、違い	취소하다	取り消す、キャンセルする	테니스	テニス
착하다	真面目だ、良い	취직하다	就職する	텔레비전	テレビ
찬물	冷たい水、冷や水	층	…階【漢+】	토요일	土曜日
참	あっそうだ	치다	打つ、(ピアノなど)弾く、(テニス、卓球など)する	토하다	吐く
참가하다	参加する、加わる			통역하다	通訳する
참다	我慢する、こらえる	치마	スカート	통하다	通じる
참석하다	出席する	친구	友だち、友人	통화하다	通話する、電話で話す
참으로	まことに、実に	친절하다	親切だ	퇴근하다	退社する
창문	窓	친하다	親しい	특별하다	特別だ
찾다	探す、(預けていたものを)受け取る	칠	七【漢】	틀리다	間違える
		칠월	七月	틀림없다	間違いない
찾아가다	訪ねていく、訪ねる	침대	ベッド	티셔츠	Tシャツ
찾아오다	訪ねてくる、訪れる			티켓	チケット
책	本		**ㅋ**		
책방	本屋、書店	카드	カード、クレジットカード		**ㅍ**
책상	机	카메라	カメラ	파	ネギ
처음	初めて、最初	카톡	カカオトーク〔<카카오톡〕	파랗다	青い
척	〔-(으)ㄴ 척の形で〕(…した・…する)ふり	카페	カフェ	파이팅	〔応援したり元気づけたりする際に〕ファイト、頑張って
		칼	ナイフ、刃物		
천	千【漢】	캐나다	カナダ	파티	パーティー
천천히	ゆっくり	커지다	大きくなる	판매하다	販売する
청소	掃除	커피	コーヒー	팔	腕
청소하다	掃除する	커피숍	コーヒーショップ	팔	八【漢】
체크	チェック	컴퓨터	コンピュータ	팔다	売る
체험	体験	케이스	ケース、～入れ、容器	팔리다	売れる
				팔월	八月

팥빙수	カキ氷、パッピンス〔料理〕	학년	学年、…年生	형	〔男性から見た〕兄、お兄さん
팩스	ファックス	학번	学番、学籍番号	형제	兄弟
퍼센트	パーセント	학생	学生、生徒	호선	（地下鉄など）…号線【漢+】
퍼지다	広がる、広まる	학생증	学生証	호텔	ホテル
페이지	ページ	학습	学習	혹시	ひょっとして、もしかして
펴다	広げる、伸ばす	한	一つの…【固】	혼자	一人、一人で
편안하다	安らかだ、気楽だ、楽だ	한국	韓国	혼자서	一人で
편의점	コンビニ	한국말	韓国語	홈페이지	ホームページ
편지	手紙	한국 사람	韓国人	홍대앞	ホンデ前〔地名〕
편하다	楽だ、気楽だ	한국어	韓国語	홍차	紅茶
편히	楽に	한국어능력시험	韓国語能力試験	화	怒り
포기하다	放棄する、あきらめる	한국 음식	韓国料理	화가 나다	腹が立つ、怒る
표	チケット、切符	한글	ハングル	화나다	腹が立つ、怒る
표현하다	表現する	한꺼번에	いっぺんに	화요일	火曜日
푸르다	青い	한류	韓流	화장실	トイレ、手洗い
푹	ゆっくり（と）、じっくり、ぐっすっと	한마디	ひと言	화장품	化粧品
		한번	一度、ちょっと	화장하다	化粧する
풀다	解く、ほどく	한복	ハンボク〔韓服・韓国の伝統衣装〕	확인하다	確認する
프랑스어	フランス語			환경	環境
프린터	プリンター	한식	韓国料理	회	刺身
피	血	한식당	韓国料理店	회	…回【漢+】
피곤하다	疲れる	한자	漢字	회사	会社
피다	咲く	한잔	〔飲み物の〕一杯	회사원	会社員
피아노	ピアノ	한참	しばらく	회의	会議
피우다	（タバコを）吸う	할머니	おばあさん	회의실	会議室
피자	ピザ	할아버지	おじいさん	회의하다	会議する
피하다	避ける、よける	함께	一緒に、共に、同時に	회화	会話
필요	必要	합격하다	合格する	횟수	回数
필요하다	必要だ	항상	いつも、常に	후	後
		해	年	후배	後輩
	ㅎ	해결하다	解決する	훈련	訓練
하나	一つ【固】	해외	海外	휴가	休暇、休み
하늘	天、空	핸드폰	携帯電話	휴대폰	携帯電話
하다	する	햇빛	日光、日差し、陽光	휴식	休息、休み
하라주쿠	原宿〔地名〕	행동	行動	휴일	休日
하루	一日	행동하다	行動する	흐르다	流れる
하루 종일	一日中	행복	幸福、幸せ	흐리다	曇っている、（写真など）ぼやけている
하룻밤	ひと晩	행복하다	幸福だ、幸せだ		
하얗다	白い	행사	行事、イベント	흔들다	揺らす、振る
하지만	しかし、けれども	허리	腰	희다	白い
학교	学校	헤어지다	別れる	힘	力
학기	学期	현금영수증	現金領収証	힘들다	大変だ、骨が折れる

単語リスト（日－韓）

【固】：固有数詞　　【漢】：漢数詞
【固＋】：固有数詞と共に用いる助数詞
【漢＋】：漢数詞と共に用いる助数詞
＜：縮約形など元の形を示す

数詞と英字

零	공〔電話番号など数字の羅列で〕、영
一	일【漢】
一つ	하나【固】
一つの…	한【固】
二	이【漢】
二つ	둘【固】
二つの…	두【固】
三	삼【漢】
三つ	셋【固】
三つの…	세【固】
四	사【漢】
四つ	넷【固】
四つの…	네【固】
五	오【漢】
五つ（の）	다섯【固】
六	육【漢】
六つ（の）	여섯【固】
七	칠【漢】
七つ（の）	일곱【固】
八	팔【漢】
八つ（の）	여덟【固】
九	구【漢】
九つ（の）	아홉【固】
十	십【漢】
十（とお）（の）	열【固】
二十	스물【固】
二十の…	스무【固】
三十（の）	서른【固】
四十（の）	마흔【固】
五十（の）	쉰【固】
六十（の）	예순【固】
七十（の）	일흔【固】
八十（の）	여든【固】
九十（の）	아흔【固】
百	백【漢】
千	천【漢】
万	만【漢】
億	억【漢】
兆	조【漢】
CD	시디, 음반
DVD	디브이디
Eメール	이메일
Eメールアドレス	이메일 주소
K-POP	케이팝
Tシャツ	티셔츠

あ

ああ	어〔相づち〕、아!〔驚き〕
ああ言う	저러다
ああする	저러다
愛	사랑
挨拶	인사
挨拶する	인사하다
アイスクリーム	아이스크림
愛する	사랑하다
間	사이〔時間・空間的な間〕、동안〔時間的な間、期間〕
相手	상대
空いている	비다
相手をする	상대하다
会う	만나다, 보다
合う	맞다
青い	파랗다〔くっきり鮮やかに青い〕、푸르다
赤	빨간색
赤い	빨갛다
赤色	빨간색
上がってくる	올라오다
明かり	불, 등〔火を使った明かり〕
上がる	오르다, 올라가다〔上がっていく〕
明るい	밝다
秋	가을
明らかにする	밝히다
あきらめる	포기하다
明け方	새벽
開ける	열다, 뜨다〔目を開ける〕
空ける	비우다
あげる	주다
上げる	올리다
挙げる	들다
朝	아침
朝ご飯	아침
明後日	모레, 내일모레
朝晩	아침저녁
足	발
脚	다리
味	맛
明日	내일
預ける	맡기다
汗	땀
あそこ	저기
遊ぶ	놀다
あたかも	마치
あたたかい	따뜻하다
頭	머리
新しい	새롭다
新しく	새로
新しくなる	새로워지다
あちこち	여기저기
あちら側	저쪽
あっ	어
暑い	덥다
扱う	다루다
あっそうだ	참
あっち	저쪽
集まり	모임
集まる	모이다
集める	모으다
当てる	맞추다
後（あと）	뒤
後で	이따가
あなた	당신
兄	형〔男性から見た〕、오빠〔女性から見た〕
あの…	저, 그〔話の現場にないものを指して〕
あの方	저분
あのですね	저기요
あの時	그때〔過去のある一点を指して〕
あの日	그날〔過去のある一日を指して〕
あのようだ	저렇다
あのような	저런, 그런〔話の現場にないものを指して〕
あのように	저렇게, 그렇게〔話の現場にものに関して〕
危ない	위험하다
アプリ	앱
炙る	굽다
甘い	달다
雨傘	우산
あまり（…ない）	별로
あまりにも	너무
雨	비
アメリカ	미국
誤りを犯す	잘못하다
洗う	씻다, 감다〔髪を洗う〕
あらかじめ	미리
争う	싸우다
新たに	새로
表す	나타내다
現れる	나타나다
ありがたい	고맙다
ある	있다
歩き回る	돌아다니다
歩く	걷다
アルバイト	아르바이트

あれ	저것, 그것〔話の現場にないものを指して〕
あれが	저게〔＜저것이〕、그게〔＜그것이, 話の現場にないものを指して〕
あれこれ	이것저것
あれは	저건〔＜저것은〕、그건〔＜그것은, 話の現場にないものを指して〕
合わせる	맞추다
安全だ	안전하다
あんた	너
あんな	저런, 그런〔話の現場にないものを指して〕
あんなに	저렇게, 그렇게〔話の現場にものに関して〕
案内	안내
案内する	안내하다, 모시다〔（目上の相手を）案内する〕
あんなふうだ	저렇다
安寧	안녕
安寧だ	안녕하다
安否	안부
いいえ	아뇨
言う	말하다
家	집
以下	이하
生かす	살리다
怒り	화
意義	뜻
イギリス	영국
生きる	살다
行く	가다
いくつかの	여러
いくら（…しても）	아무리
いくら（か）	얼마
意見	의견
以後	이후
石	돌
医師、医者	의사
意識	정신
維持する	유지하다
以上	이상
椅子	의자
以前	이전
急いでいる	급하다
忙しい	바쁘다
急ぐ	서두르다
痛い	아프다
炒める	볶다
至る	이르다
一月	일월
イチゴ	딸기
一度	한번
一日	하루
一日中	종일, 하루 종일
市場	시장
一番	제일
いつ（か）	언제
五日	닷새
一気に	쭉
慈しむ	사랑하다
一生懸命	열심히
一緒に	같이, 함께
一層	더욱
いっそのこと	차라리
一体	도대체
行ってくる	갔다 오다, 다녀오다
いつでも	언제든지
〔飲み物の〕一杯	한잔
いっぱいだ	차다, 부르다〔お腹がいっぱいだ〕
いっぱいに	가득
いっぺんに	한꺼번에
いつも	늘, 언제나, 항상
移転する	이사하다
いとこ	사촌
いない	없다
田舎	시골
犬	개
イベント	행사
今	지금, 이때〔この時〕
未だに	아직도
今まで	아직까지
今や	이제
意味	의미, 뜻
意味する	뜻하다
妹	여동생, 동생
嫌がる	싫어하다
いやだ	싫다
いらっしゃる	계시다
入口	입구
いる	있다
～入れ	케이스
入れる	넣다, 담다〔器に盛る〕
色	색, 색깔
いろいろ（な）	여러 가지
祝う	축하하다
印鑑	도장
インサドン〔仁寺洞・地名〕	인사동
インターネット	인터넷
うーん	음…
上	위
ウォン〔韓国の貨幣単位〕	원【漢＋】
浮かぶ	뜨다
（試験に）受かる	붙다
受け付け	접수
受け付ける	접수하다
受け取る	받다, 찾다〔預けていたものを受け取る〕
動かす	움직이다
動く	움직이다
ウシ	소
失う	잃다, 잃어버리다
薄い	얇다
薄黒い	거멓다
嘘	거짓말
歌	노래
歌う	부르다
内	안, 속
内側	안쪽
内気だ	수줍다
打つ	치다
うっかり	깜박
美しい	아름답다
移す	옮기다
器	그릇
うどん	우동
うまくいかない	안되다
うまくいく	잘되다
(…を)うまくする	잘하다
海	바다
裏	뒤
売り場	매장
売る	팔다
うるさい	시끄럽다
嬉しい	기쁘다〔欲求が満たされて嬉しい〕、즐겁다, 반갑다〔会えて嬉しい〕
売れる	팔리다
熟れる	익다
うわさ	소문
運転	운전
運転する	운전하다
運動	운동
運動する	운동하다
運動選手	운동선수
絵	그림
エアコン	에어컨
映画	영화
映画館	극장
影響	영향
英語	영어
英国	영국
ええ	네
描く	그리다
駅	역
選ぶ	고르다
エレベーター	엘리베이터

付録

得る	얻다
…円〔日本の貨幣単位〕	엔【漢＋】
演劇をする	연극하다
鉛筆	연필
おありだ	있으시다
美味しい	맛있다
美味しいお店	맛집
おいしくない	맛없다
お祝い	축하
応援する	응원하다
お伺いする	여쭈다
終える	마치다, 끝내다
多い	많다
大きい	크다
大きくなる	커지다
多く	많이
多くなる	많아지다
多くの種類	여러 가지
おおごと	큰일
大阪城	오사카성
大通り	큰길
お母さま	어머님〔어머니의 尊敬語〕
お母さん	어머니, 엄마〔ママ〕
おかげで	덕분에
おかしい	이상하다
おかず	반찬
お金	돈
お粥	죽
お客さん	손님
起きる	일어나다
置く	놓다, 두다
奥様	부인〔他人の妻に対する 敬称〕
贈り物	선물
送る	보내다, 부치다〔郵便など で送る〕
遅れる	늦다
(体・事件などを)起こす	일으키다
おことば	말씀
怒る	화나다, 화가 나다
お酒	술
幼い	어리다
おじいさん	할아버지
教える	가르치다
おじさん	아저씨
惜しむ	아끼다
お嬢さん	아가씨
(ボタンなどを)押す	누르다
遅い	늦다
おそらく	아마
恐ろしい	무섭다
お互い	서로
お宅	댁

お茶	차
落ちる	떨어지다
おっしゃる	말씀하시다
夫	남편
お釣り	잔돈
お連れする	모시다
おでん	오뎅
音	소리
お父さま	아버님〔아버지의 尊敬語〕
お父さん	아버지, 아빠〔パパ〕
弟	남동생, 동생
男	남자
お歳	연세〔나이의 尊敬語〕
訪れる	찾아오다
おととい	그저께, 그제
大人	어른
踊り	춤
踊る	추다, 춤추다
驚く	놀라다
お腹	배
同じ	마찬가지
同じだ	같다
お名前	성함〔이름의 尊敬語〕
お兄さん	형〔男性から見た〕, 오빠〔女性から見た〕
お姉さん	누나〔男性から見た〕, 언니〔女性から見た〕
お願い	부탁
お願いする	부탁하다
おばあさん	할머니, 외할머니〔母方の 祖母〕
おばさん	아주머니, 아줌마
お風呂に入る	목욕하다
お弁当	도시락
覚えている	기억하다
覚える	외우다
お前	너, 당신〔夫婦間や喧嘩 の相手に対し〕, 자네〔年 齢の高いものが年若い 者に対し〕
お前が	네가
お前たち	너희
お前の…	네
お前ら	너희
お目にかかる	뵙다
重い	무겁다
思い	생각
思い出	추억
思う	생각하다
重さ	무게
面白い	재미있다
面白くない	재미없다
お休みになる	주무시다〔자다의 尊敬

	語〕
お湯	더운물
下りてくる	내려오다
下りる	내리다
おれ	나
終わらせる	끝내다
終わり	끝
終わる	끝나다
音楽	음악
女	여자

か

カード	카드
ガールフレンド	여자 친구
…階	층【漢＋】
海外	해외
会議	회의
会議室	회의실
会議する	회의하다
解決する	해결하다
外国	외국
外国語	외국어
外国人	외국인
会社	회사
会社員	회사원
回数	횟수
階段	계단
開発する	개발하다
買い物する	쇼핑하다
会話	회화
買う	사다
返す	돌려주다
かえって	오히려
帰ってくる	돌아오다
替える	바꾸다〔交換する〕, 갈다〔古いものを新しい ものと取り替える〕
帰る	돌아가다
顔	얼굴
顔色	안색
カカオトーク	카카오톡, 카톡〔縮約形〕
価格	가격
かかる	걸리다〔時間やものがかか る〕, 들다〔お金がかかる〕
関わり	상관
関わりなく	상관없이
カキ氷	팥빙수
かき混ぜる	젓다
書く	쓰다〔文章を書く〕, 적다 〔メモなどを書き記す〕
各種	여러 가지
学習	학습

学生	학생
学生証	학생증
学籍番号	학번
確認する	확인하다
学年	학년
学部	대학
隠れる	숨다
かける	걸다〔物や電話をかける〕、잠그다〔鍵・ボタンなどをかける〕、쓰다〔眼鏡をかける〕
傘	우산
重なる	쌓이다
菓子	과자
歌手	가수
風邪	감기
風	바람
稼ぐ	벌다
数える	세다
家族	가족
肩	어깨
…方 (かた)	분〔사람의 존경어〕
課題	과제
形	모양
課長	과장(님)
勝つ	이기다
学科事務室	과 사무실
学期	학기
格好	모양
学校	학교
家庭教師	과외
悲しい	슬프다
カナダ	캐나다
必ず	반드시
かなり	많이、꽤
金	돈
可能だ	가능하다
彼女	그녀
彼女ら	그들
カバン	가방
カフェ	카페
(帽子を) かぶる	쓰다
構わない	괜찮다
我慢する	참다
紙	종이
髪	머리
神	신
カムジャタン〔料理〕	감자탕
カメラ	카메라
通う	다니다
火曜日	화요일
辛い	맵다
カラオケ	노래방

カラス	까마귀
身体	몸
仮に	만일
借りる	빌리다
軽い	가볍다
軽くなる	가벼워지다
カルビタン〔料理〕	갈비탕
彼	그
彼ら	그들
カレンダー	달력
…(の) 側	쪽
かわいい	예쁘다〔かわいらしい、美しい〕、곱다〔外見やふるまい、声などがさっぱりとして美しい〕
(話など) 交わす	나누다
変わったもの・こと	별것
代わりに	대신
変わる	달라지다
替わる	바뀌다
考え	생각
考える	생각하다
環境	환경
関係	관계、상관
関係なく	상관없이
観光する	관광하다
韓国	한국
韓国語	한국말、한국어
韓国語能力試験	한국어능력시험
韓国人	한국 사람
韓国料理	한국 음식、한국 요리、한식
韓国料理店	한식당
感じ	느낌
漢字	한자
感謝	감사
感謝する	감사하다
感じられる	느껴지다
感じる	느끼다
関心	관심
完成	완성
完成する	완성하다〔…を完成する〕、완성되다〔…が完成する、出来上がる〕
簡単だ	쉽다〔易しい、容易だ〕、간단하다〔易しい、簡略だ〕
感動する	감동하다
頑張って	파이팅〔応援したり元気づけたりする際に〕
韓流	한류
木	나무
聞いてあげる	들어주다
聞いてみる	물어보다

キーホルダー	열쇠고리
黄色い	노랗다〔鮮やかな黄色〕、누르다〔やや暗い黄色〕
機運	기운
消え失せる	사라지다
記憶	기억
記憶する	기억하다
気温	기온
機会	기회
着替える	갈아입다
期間	동안
聞き入れる	들어주다
聞き取る	알아듣다
聞く	듣다
危険だ	위험하다
聞こえる	들리다
帰国する	귀국하다
記事	기사
汽車	기차
寄宿舎	기숙사
技術	기술
北、北の方	북쪽
期待	기대
きちんと	제대로
切手	우표
きっと	꼭
切符	표
キティー〔キャラクター名〕	키티
昨日	어저께、어제
昨日の夜	어젯밤
気分	기분
君	자네〔対等もしくは目下の相手に対して〕
義務	의무
キムチ〔料理〕	김치
キムチチゲ〔料理〕	김치찌개
決める	정하다
客	손님
キャンセルする	취소하다
…級	급【漢+】
休暇	휴가、방학〔学校の長期休暇〕
休日	휴일
休息	휴식
急である	급하다
急に	갑자기
牛肉	쇠고기、소고기
牛乳	우유
キュウリ	오이
今日	오늘
教科書	교과서
競技	경기
行事	행사

107

付録

教室	교실
教授	교수〔大学の教員を指す〕、교수님〔大学の教員を呼ぶ際、丁寧な呼称として用いる〕
兄弟	형제
胸中	속
京都〔地名〕	교토
曲	곡
去年	작년、지난해
嫌いだ	싫다
嫌う	싫어하다
気楽だ	편하다、편안하다
切り離す	자르다
着る	입다
切る	자르다〔髪や物を切断する〕、끊다〔線や電話、関係などを断つ〕
きれいだ	아름답다〔美しい〕、예쁘다〔かわいらしい、美しい〕、깨끗하다〔清潔だ〕
キログラム	킬로그램
キロメートル	킬로미터
気をつける	조심하다
銀行	은행
近所	근처
緊張する	긴장되다
キンパプ〔料理〕	김밥
金曜日	금요일
具合が悪い	아프다
空港	공항
偶然に	어쩌다가
空腹だ	고프다
クーラー	에어컨
九月	구월
薬	약
くせ	버릇
具体的	구체적
果物	과일
口	입
靴	신발〔履物全般を指す〕、구두〔主に革靴を指す〕
靴下	양말
くっつける	붙이다
クッパ	국밥
国	나라
首	목
首を長くして（待つ）	목이 빠지도록
雲	구름
曇っている	흐리다
暗い	어둡다
…くらい	정도、-쯤〔接尾辞として名詞につける〕
暮らす	살다
比べる	비교하다
来る	오다
グループ	그룹
車	차
クレジットカード	카드
くれる	주다
黒い	검다、까맣다
苦労	수고
苦労する	수고하다
黒っぽい	거멓다
詳しい	자세하다
詳しく見る	살펴보다
加わる	참가하다
軍隊	군대
訓練	훈련
計画	계획
計画する	계획하다
経験	경험
経験する	경험하다
経済的	경제적
警察	경찰
計算する	계산하다
継続される	계속되다
継続する	계속하다
携帯電話	핸드폰、휴대폰
芸能人	연예인
ケーキ	케이크
ケース	케이스
ゲーム	게임
怪我をする	다치다
劇場	극장
消しゴム	지우개
化粧する	화장하다
化粧品	화장품
（火・明かり・電気などを）消す	끄다
削る	깎다
結果	결과
結婚	결혼
結婚する	결혼하다
欠席	결석
欠席する	결석하다
決定する	결정하다
月曜日	월요일
結論	결론
気配	기운
下痢をする	설사하다
けれど	그러나、하지만
原因	원인
けんかする	싸우다
元気だ	안녕하다
研究員	연구원
研究室	연구실
現金領収証	현금영수증
健康	건강
健康だ	건강하다
健康に	건강히
研修	연수
検討する	검토하다
見物	구경
見物する	구경하다
後	후
…個	개【固＋】
恋	사랑
こう言う	이러다
公園	공원
公演	공연
公演する	공연하다
合格する	합격하다
交換する	바꾸다、갈다〔古いものを新しいものと取り替える〕
高校	고등학교
交差点	사거리
…校時	교시【漢＋】
こうする	이러다
（地下鉄など）…号線	호선【漢＋】
交替する	바뀌다
紅茶	홍차
交通カード	교통 카드
行動	행동
行動する	행동하다
後輩	후배
幸福	행복
幸福だ	행복하다
公務員	공무원
声	목소리、소리
越える	넘다
コート	코트
コーヒー	커피
コーヒーショップ	커피숍
誤解	오해
五月	오월
故郷	고향
漕ぐ	젓다
国際電話	국제전화
国内	국내
ここ	여기
午後	오후
ここで	여기서〔＜여기에서〕
九日	아흐레
心	마음
心残りだ	아쉽다
腰	허리
個人的	개인적
超す	넘다

小銭	잔돈	今週	이번 주	サムゲタン〔料理〕	삼계탕
午前	오전	今度	이번	覚める	깨다
答え	답〔問いに対する解答〕、	こんな	이런	皿	접시
	대답〔呼びかけに対する	こんなに	이렇게	再来週	다다음 주
	返事〕	こんなふうだ	이렇다	騒ぐ	떠들다
答える	답하다〔問いに対して〕、	コンビニ	편의점	更に	더욱
	대답하다〔呼びかけに対	コンピュータ	컴퓨터	去る	떠나다、떠나가다〔去って
	して〕				いく〕
コチュジャン	고추장			騒がしい	시끄럽다
こっち	이쪽	**さ**		…さん	씨〔フルネームまたは名
小包	소포	さあ	어서		前につけて、対等もしく
こと	일、것、거〔<것〕	サークル	동아리		は目下に対し〕
ことが	게〔<것이〕	…歳	살【固＋】、세【漢＋】	参加する	참가하다
ことを	걸〔<것을〕	差異	차이	三月	삼월
今年	올해、올〔<올해〕	最近	요즘〔この頃〕、최근	三角形	삼각형
異なる	다르다	歳月	세월	散歩	산책
ことば	말	最後	마지막	…時	시【固＋】
子ども	아이、애〔<아이〕、어린이	最高	최고	市	시
	〔大人に対する児童〕	最初	처음	試合	시합
この…	이	サイズ	사이즈	試合する	시합하다
この間	지난번	財布	지갑	幸い	다행
この方	이분	幸い	다행	幸せ	다행、행복
この頃	요즘	サイン	사인	幸せだ	행복하다
この先	앞으로	探す	찾다	塩	소금
この月	이달	杯 (さかずき)	잔	塩辛い	짜다
この時	이때	魚	물고기〔生物としての魚〕、	仕方なく	어쩔 수 없이
木の葉	나뭇잎		생선〔食べ物・食材として	しかし、しかしながら	
この日	이날		の魚、生鮮〕		그러나、그렇지만、하지만
この前	지난번	下がる	내리다	四月	사월
このまま	이대로	先に	먼저	時間	시간
(…を) 好む	좋아하다	先ほど	아까	…時間目	교시【漢＋】
このようだ	이렇다	作業	작업	しきりに	자꾸
このような	이런	咲く	피다	試験	시험
このように	이렇게	昨年	작년、지난해	事件	사건
ご飯	밥	昨夜	어젯밤	事故	사고
困る	곤란하다	サクラ	벚꽃	自己	자기
ゴミ	쓰레기	酒	술	仕事	일
ゴミ箱	쓰레기통	避ける	피하다	仕事する	일하다
米	쌀	匙	숟가락	事実	사실
ごめん	미안	差し上げる	드리다	辞書	사전
こらえる	참다	(傘を) さす	쓰다	事情	사정
コリアンタウン	코리안 타운	…させる	시키다	自信	자신
これ	이것、이거〔<이것〕	サッカー	축구	静かだ	조용하다
これが	이게〔<이것이〕	さっき	아까	…しそうだった	－(으)ㄹ 뻔했다
これから	앞으로	雑誌	잡지	下	아래、밑
これは	이건〔<이것은〕	去っていく	떠나가다	従う	따르다
これを	이걸〔<이것을〕	砂糖	설탕	下着	속옷
転ぶ	넘어지다	悟る	깨닫다	親しい	친하다
怖い	무섭다	さほど	별로	下の方	아래
今回	이번	…様	님	七月	칠월
今月	이번 달、이달	さまよう	돌아다니다	市庁	시청
今後	앞으로	寒い	춥다	質	질
コンサート	콘서트	サムギョプサル〔料理〕	삼겹살	じっくり	푹
		寒くなる	추워지다	実際に	실제로

付録

実に	참으로		出発	출발	汁（スープ）	국
失敗	실수		出発する	출발하다、떠나다	知る	알다
質問する	질문하다		首都	수도	記す	적다
実力	실력		主婦	주부	白い	하얗다、희다
失礼	실례		趣味	취미	進学する	진학하다
失礼する	실례하다		種類	종류	信号灯	신호등
…してくれと	-아/어 달라고		順序	순서、차례	進行する	진행하다
…してしまう	-아/어 버리다		順番	차례	申告する	신고하다
辞典	사전		準備	준비	深刻だ	심각하다
自転車	자전거		準備する	준비하다	診察する	진찰하다
児童	어린이		小〔鍋物料理などのサイズとして〕		真実	진실
自動車	자동차			소짜	信じる	믿다
指導する	지도하다		情	정	人生	인생
市内	시내		紹介する	소개하다	新製品	신제품
品物	물건		小学校	초등학교	親切だ	친절하다
死ぬ	죽다		情がわく	정이 들다	新年	새해
芝居をする	연극하다		状況	상황	心配	걱정
しばしば	자주		衝撃	충격	新品	새것
しばらく	한참、잠시		詳細だ	자세하다	新聞	신문
自分	자기		使用される	사용되다	水泳	수영
島	섬		生じる	생기다	水準	수준
締め切り	마감		使用する	사용하다	推薦する	추천하다
閉める	닫다		上手に	잘	（お腹が）空いている	고프다
じゃあ	그럼		上手にする	잘하다	水道	수도
ジャージャー麺〔料理〕 자장면			小説	소설	スイミング	수영
写真	사진		小説家	소설가	水曜日	수요일
社長	사장、사장님〔敬称〕		消息	소식	（タバコを）吸う	피우다
シャツ	셔츠		状態	상태	数字	숫자
十一月	십일월		焼酎	소주	スーツ	양복
十月	시월		商品	상품	スーパーマーケット 슈퍼	
週間	주일		醤油	간장	スープ	국
終日	종일		初級	초급	スカート	치마
住所	주소		職業	직업	スキー	스키
就職する	취직하다		食後	식후	好きだ	좋아하다
十字路	사거리		食事	식사	過ぎる	지나다、지나가다〔過ぎて
ジュース	주스		食事する	식사하다		いく〕
集団	그룹		食堂	식당	すぐ	바로〔時間的・空間的に
十二月	십이월		職場	직장		すぐ〕、얼른〔素早く〕
十分（に）	충분히		女性	여자、여성	少ない	적다
週末	주말		ショック	충격	少なく	덜
重要だ	중요하다		しょっちゅう 자꾸、자주		少なめに	덜
修理する	수리하다		しょっぱい	짜다	すぐに	금방〔話の時点から先ま
終了する	종료하다		ショッピング 쇼핑			たは後のことについて〕、
授業	수업		ショッピングする 쇼핑하다			곧〔話の時点から先のこ
授業する	수업하다		書店	서점、책방		とについて〕
祝賀	축하		署名	사인	スケート	스케이트
宿題	숙제		書類	서류	少し	조금、좀
宿泊先	숙소		知らせ	소식	過ごす	지내다
手術	수술		知らせる	알리다	寿司	초밥
主題	주제		知らない	모르다	寿司屋	초밥 집
出勤する	출근하다		調べる	살펴보다〔詳しく検討す	涼しい	시원하다
出身	출신			를〕、알아보다〔調べてみる〕	進める	진행하다
出席する	참석하다、출석하다		資料	자료	薦める	추천하다

スター	스타	節約する	아끼다	そのように	그렇게
スタイル	스타일	背中	등	空	하늘
ずっと	계속〔引き続いて〕、 쭉〔まっすぐ〕	ぜひ	꼭	ソルロンタン〔料理〕	설렁탕
		背広	양복	それ	그것
素敵だ	멋있다	狭い	좁다	それが	그게〔<그것이〕
既に	벌써	セルフサービス	셀프	それから	그리고
捨てる	버리다	線	선、줄	それくらいで	그만
ストレス	스트레스	洗顔	세수	それで	그래서
スプーン	숟가락	先月	지난달	それでは	그럼
酢豚〔料理〕	탕수육	前後	앞뒤	それなら	그러면
スペイン語	스페인어	専攻	전공	それは	그건〔<그것은〕
全て	다〔全部、完全に〕、 모두〔一定のメンバーの 中で全て〕	選手	선수	そんな	그런
		先週	지난주		
		先生	선생님	**た**	
全ての…	모든	全然	전혀	…だ	-이다〔指定詞〕
スポーツ	스포츠	洗濯	세탁	大〔鍋物料理などのサイズとして〕	
ズボン	바지	洗濯する	빨다		대짜
スマートフォン	스마트폰	選択する	선택하다	第一	제일
すまない	미안하다	センチメートル	센티미터	大学	대학교〔四年生の総合大 학〕、대학〔単科大学や短 期大学〕
すみません	여기요〔店などで人を呼 ぶ時に〕、저기요〔人に声 をかける時に〕	先輩	선배、선배님〔呼びかけの 際〕		
				大学院	대학원
		全部	다	大学生	대학생
住む	살다	そう	그렇게	退屈だ	심심하다
する	하다、치다〔テニス/卓球 など〕、타다〔スキー/ス ケートなど〕	そう言う	그러다	体験	체험
		爽快だ	시원하다	対策	대책
		総合大学	대학교	大したもの・こと	별것
(危うく)…するところだった		掃除	청소	退社する	퇴근하다
	-(으)ㄹ 뻔했다	掃除する	청소하다	大丈夫だ	괜찮다
座る	앉다	そうして	그래서	大切だ	소중하다
スンデ〔料理〕	순대	そう(するに)しても		タイトル	제목
澄んでいる	맑다		그래도〔<그리하여도〕	代表	대표
スンドゥブ〔料理〕	순두부찌개	そうする	그러다	だいぶ	꽤
背	등〔身体の部位〕、키〔背丈〕	そうだ	그렇다	台風	태풍
性格	성격	そうであっても		大変	대단히
正確だ	정확하다		그래도〔<그리하여도〕	大変だ	힘들다
生活	생활	そうではあるが	그렇지만	大変なこと	큰일
清潔だ	깨끗하다	ソウル〔地名〕	서울	題名	제목
成功	성공	そこ	거기	代理で	대신
成功する	성공하다、잘되다〔うまく いく〕	底	밑	対話	대화
		そして	그리고	タオル	타월、수건
精神	정신	注ぐ	붓다	倒れる	넘어지다
(…の)せいで	때문에	育つ	자라다	だが	그러나
生徒	학생	そちら側	그쪽	高い	높다、크다〔背丈が高い〕、 비싸다〔値段が高い〕
製品	제품	卒業する	졸업하다		
政府	정부	外	밖	互いに	서로
整理する	정리하다	その…	그	高くなる	높아지다
席	자리	その方	그분	だから	그러니까
咳をする	기침하다	その間	그동안	たくさん	많이
背丈	키	その時	그때	タクシー	택시
石鹸	비누	その日	그날	宅配	택배
絶対(に)	절대	そのまま	그대로、그냥	…だけ	뿐
説明	설명	そのようだ	그렇다	出す	내다
説明する	설명하다	そのような	그런		

111

付録

助け	도움	近く	근처	疲れる	피곤하다
助ける	돕다	地下鉄	지하철	使われる	사용되다
たこやき	다코야키	地下鉄の駅	지하철역	月	달
訪ねていく	찾아가다	力	힘	次	다음
訪ねてくる	찾아오다	チゲ	찌개	月日	세월
尋ねる	묻다, 물어보다	チケット	티켓, 표	つく	붙다
訪ねる	찾아가다	遅刻する	지각하다	継ぐ	잇다
ただ (何となく)	그냥	知識	지식	着く	이르다
ただ (無料)	공짜, 무료	地図	지도	(目に) つく	띄다
戦う	싸우다	父	아버지	机	책상
正しい	옳다	地方	지방	作られる	만들어지다
直ちに	바로	茶	차	作る	만들다, 〔材料などを用い
立ち上がる	일어서다	チャプチェ〔料理〕	잡채		て作る〕짓다
立場	입장	チャンス	기회	つける	붙이다 〔くっつける〕、켜다
立ち寄る	들르다	ちゃんぽん〔料理〕	짬뽕		〔電気・明かりなどをつ
立つ	서다, 일어서다 〔立ち上が	中〔鍋物料理などのサイズとして〕			ける〕、짓다〔名前をつけ
	る〕		중짜		る〕
断つ	끊다	注意する	조심하다, 주의하다	続く	계속되다
タッカルビ〔料理〕	닭갈비	中学校	중학교	続ける	계속하다
卓球	탁구	中華料理屋	중국집	包む	싸다
建物	건물	中間	중간	つなぎ合わせる	잇다
立てる	세우다	中級	중급	常に	늘, 항상
建てる	짓다	中国	중국	妻	아내
他人	남	中国語	중국어	つまらない	재미없다
楽しい	즐겁다	中国料理	중국 음식	つまる	막히다
楽しむ	즐기다	中秋節 (チュソク)	추석	冷たい	차다, 차갑다
頼み	부탁	昼食	점심	冷たい水	찬물
頼む	부탁하다	昼食の時間	점심시간	積もる	쌓이다
タバコ	담배	注文	주문	強い	강하다, 세다 〔力が強い〕
たぶん	아마	注文する	시키다, 주문하다	つり銭	거스름돈
食べ物	음식	昼夜	밤낮	手	손
食べる	먹다	チュソク (中秋節)	추석	手洗い	화장실
卵、玉子	계란	調査	조사	提出する	제출하다
たまる	쌓이다	朝鮮	조선	程度	정도
だめだ	안되다	ちょうど	딱	停留場	정류장
(…の) ために	때문에	直接	직접	テーマ	주제
足りない	모자라다	チョゴリ〔韓国の伝統衣装の上着〕		手紙	편지
誰 (か)	누구		저고리	出来上がる	완성되다
誰が	누가	ちょっと	한번 〔一度〕、조금〔分量	適当だ	적당하다
誰でも	누구나		や程度〕、좀〔分量や程	…できない	못 〔用言の前に置く〕、못
誰も (…ない)	아무도		度、または動作を軽く言		하다〔語尾-지に続ける〕
単語	단어		う場合に〕	できる	생기다
誕生日	생일	ちょっとの間	잠깐	出口	출구
ダンスをする	춤추다	鍾路3街駅〔地名〕	종로3가역	テコンドー	태권도
男性	남자, 남성	ちらっと	깜박	テジョン〔大田・地名〕	대전
だんだん	점점	…つ	개【固＋】	手すり	손잡이
暖房	보일러	(…する) ついでに	連体形 김에	手伝う	돕다, 도와주다〔手伝って
血	피	ついに	드디어		あげる〕
小さい	작다	通じる	통하다	鉄板〔焼肉料理などで用いられる〕	
チェック	체크	通訳する	통역하다		불판
近い	가깝다	通話する	통화하다	出ていく	나가다
違い	차이	使う	쓰다, 사용하다	出てくる	나오다
違う	다르다	つかむ	잡다	手に入れる	얻다

テニス	테니스
手ぬぐい	손수건
では	그러면, 그럼〔<그러면〕
デパート	백화점
手拭き	수건
でも	그런데, 근데〔<그런데〕
出る	나다, 나가다〔出ていく〕、나오다〔出てくる〕、나서다〔前へ乗り出す〕
テレビ	텔레비전
点	점
天	하늘
天気	날씨
電車	전철
電車の駅	전철역
電話	전화
電話する	전화하다
電話で話す	통화하다
電話番号	전화번호
…度 (回)	번【固＋】
ドア	문
ドイツ語	독일어
トイレ	화장실
…頭	마리【固＋】
どういうこと	웬일
どういうわけか	어쩐지
どうかすると	어쩌면
トウガラシ	고추
トウガラシの粉	고춧가루
トウガラシ味噌	고추장
東京〔地名〕	도쿄
当時	당시
どうして	왜、어째서
同時に	함께
どうする	어쩌다
どうせ	차라리
当然	당연히
到着	도착
到着する	도착하다
どうですか?	어때요
豆腐	두부
動物	동물
当分の間	당분간
同様	마찬가지
道路	도로
遠い	멀다
十日	열흘
通り	거리
通り過ぎる	지나가다
とき	때
時々	가끔
解く	풀다
読書	독서

読書する	독서하다
特別だ	특별하다
時計	시계
溶ける	녹다
どこ (か)	어디
どこ (か) で、どこ (か) か	어디서
ところ、場所	곳、데〔連体形に続けて〕、장소
ところで	그런데、근데〔<그런데〕
(戸を) 閉ざす	잠그다
登山する	등산하다
年	해
歳	나이
都市	도시
図書館	도서관
閉じる	닫다〔ドアなどを閉める〕、감다〔目を閉じる〕
途中	중간
どちら	어디
突然	갑자기
トッポッキ〔料理〕	떡볶이
とても	아주、무척
届けられる	신고되다
届ける	신고하다
隣	옆
隣の部屋	옆방
どの	어느
…殿	님
どのくらい	얼마
どのようだ	어떻다
どのように	어떻게
飛ぶ	날다
…度目	번째【固＋】
友だち	친구
共に	함께
土曜日	토요일
ドラマ	드라마
鳥	새
取り替える	갈다
取り消す	취소하다
努力	노력
努力する	노력하다
撮る	찍다
どれ	어느 것
どれが	어느 게〔<어느 것〕
どれくらい	얼마나
度を越す	지나치다
どんな	어떤
どんな…	무슨
どんなに	어떻게
どんなふうだ	어떻다

な	
ない	없다
…内	내
…ない	안〔用言の前に置く〕、않다〔語尾-지に続ける〕
(…では) ない	아니다〔指定詞〕
ナイフ	칼
内容	내용
直す	고치다
治る	낫다
中	안、속、가운데〔中心〕
(…の) 中	중〔複数から選択する際に用いる〕
長い	길다
長い間	오래、오랫동안
長さ	길이
仲間	동아리
流れる	흐르다
泣く	울다
なくす	잃다、잃어버리다
なくなる	사라지다
名残惜しい	아쉽다
梨	배
なぜ	왜、어째서
なぜならば、なぜかというと	왜냐하면
夏	여름
(学校の) 夏休み	여름 방학
…など	등
何 (なに)	무엇、뭐〔<무엇〕
何ごと	웬일
何も (…ない)	아무것
何を	뭘〔<무엇을〕
七日	이레
鍋料理	찌개
名前	이름
涙	눈물
悩む	고민하다
習う	배우다
(…に) なる	되다
慣れ親しむ	정이 들다
何 (なん) …	몇
何月	몇 월
何となく	그냥
何日 (か)	며칠
何の…	무슨、아무〔否定の文脈で、何の…もない〕
南北	남북
似合う	어울리다
…に値するもの	짜리
煮える	익다
匂い	냄새
二月	이월

113

付録

肉	고기, 살
肉がつく	살찌다
西、西の方	서쪽
…に対して	대하다 〔-에 대해(서)의 형으로〕
…に対する	대하다 〔-에 대한의 형으로〕
…日	일【漢+】
…日間	일간【漢+】
日常生活	일상생활
日曜日	일요일
…について	대하다 〔-에 대해(서)의 형으로〕
…についての	대하다 〔-에 대한의 형으로〕
日光	햇빛
日程	일정
似ている	닮다
日本	일본
日本語	일본 말, 일본어
日本食、日本料理	일본 음식, 일본 요리
日本人	일본 사람
日本料理店	일식집
荷物	짐
入学	입학
入学する	입학하다
ニュース	뉴스, 소식
入浴	목욕
入浴する	목욕하다
庭	마당
鶏	닭
…人	명【固+】、인【漢+】
人気	인기
…人分	인분【漢+】
脱ぐ	벗다
抜ける	빠지다
抜けることなく	빠짐없이
願う	바라다, 원하다 〔強く望む、求める〕
ネギ	파
ネクタイ	넥타이
猫	고양이
値段	값
熱	열
熱心に	열심히
熱湯	더운물
寝坊する	늦잠을 자다
眠り	잠
寝る	자다
…年	년【漢+】
…年生まれ	년생【漢+】
…年生	학년【漢+】
…年代	년대【漢+】

年齢	나이
ノート	노트
残す	남기다
残り	나머지
残る	남다
載せる	싣다
乗せる	태우다
望む	원하다
後ほど	이따가
喉	목
伸ばす	펴다
伸びる	늘어나다 〔長さが伸びる〕、늘다 〔力が伸びる〕
登ってくる	올라오다
登る	오르다, 올라가다 〔登っていく〕
(日が)昇る	뜨다
…のみ	뿐
飲み物	음료수
飲む	마시다
乗り出す	나서다
乗る	타다

は

場合	경우
パーセント	퍼센트
パーティー	파티
はい	네
…杯	잔【固+】
入っていく	들어가다
入ってくる	들어오다
俳優	배우
入る	들다, 들어가다 〔入っていく〕、들어오다 〔入ってくる〕
図らずも	어쩌다가
…ばかり	뿐
測る、量る	재다
履物	신발
履く、穿く	신다 〔履物を履く〕、입다 〔ズボンやスカートを穿く〕
吐く	토하다
白菜	배추
拍手	박수
博物館	박물관
箱	상자
はさみ	가위
橋	다리
箸	젓가락
始まり	시작
(…が)始まる	시작되다
始め	시작
初めて	처음

(…を)始める	시작하다
場所	장소, 곳, 데 〔連体形に続けて〕, 자리 〔席〕
走る	달리다, 뛰다 〔急いで走る、跳ねる〕
バス	버스
恥ずかしがり屋だ	수줍다
バスケットボール	농구
バス停留所	버스 정류장
パスポート	여권
パスワード	비밀번호
肌	살
働く	일하다
八月	팔월
ぱちりと〔まばたきする様子〕	깜박
発音	발음
発生する	발생하다
発表	발표
発表される	발표되다
発表する	발표하다
パッピンス	팥빙수
鼻	코
花	꽃
話	이야기, 얘기 〔<이야기〕
話をする	이야기하다, 얘기하다 〔<이야기하다〕
話す	말하다, 이야기하다
甚だしい	심하다
甚だしく	무척
跳ねる	뛰다
母	어머니
パパ	아빠
刃物	칼
はやい	빠르다, 이르다 〔時間的に早い〕
はやく	빨리, 일찍 〔時間的に早く〕、얼른 〔すぐに、素早く〕、어서 〔主に命令や勧誘の文脈で、さあ〕
腹	배
腹が立つ	화가 나다
腹具合	속
春	봄
バレーボール	배구
(天気が)晴れている	맑다
腫れる	붓다
半	반
晩	저녁 〔夕方〕、밤 〔夕方…夜明け〕
…番	번【漢+】
パン	빵
ハンカチ	손수건
ハングル	한글

半月	반달	秘密	비밀		-(으)ㄴ 척의 형で〕
ハンコ	도장	百貨店	백화점	プリンター	프린터
番号	번호	冷や水	찬물	(雨・雪が)降る	오다
晩ご飯	저녁	費用	비용	振る	흔들다
反対する	반대하다	病院	병원	プルコギ〔料理〕	불고기
半月	반달	病気	병	プレゼント	선물
半年	반년	表現する	표현하다	プレゼントする	선물하다
反応	반응	ひょっとして	혹시	触れる	대다
販売する	판매하다	開く	열리다	…分	분【漢＋】
半分	반	昼	점심	文	문장, 글〔文章〕
ハンボク〔韓服・韓国の伝統衣装〕		昼間	낮	文化	문화
	한복	広い	넓다	プンシク〔キンパプ、ラーメンなどの
…番目	번째【固＋】	拾う	줍다	軽食〕	분식
日	날	広がる	퍼지다	文法	문법
火	불	広く	널리	文章	글
灯	등	広げる	펴다	平穏	안녕
ピアノ	피아노	広場	마당	ページ	페이지
ビール	맥주	広まる	퍼지다	ベッド	침대
比較する	비교하다	ピンポン	탁구	別に〔否定的な文脈で〕	별로
東、東の方	동쪽	ファイト〔応援したり元気づけたりす		別々に	따로따로
…匹	마리【固＋】	る際に〕	파이팅	部屋	방
引き受ける	맡다	ファックス	팩스	減らす	줄이다
引き続き	계속	不安だ	불안하다	返却する	반납하다
引く	끌다, 긋다〔線を引く〕	封筒	봉투	勉強	공부
(ピアノなど)弾く	치다	夫婦	부부	勉強する	공부하다
低い	낮다	プール	수영장	変更される	변경되다
飛行機	비행기	増える	늘다, 늘어나다, 많아지다	返事	대답〔問いに対して〕、답장
ピザ	피자	深い	깊다		〔手紙やメールに対して〕
日差し	햇빛	深く	깊이	返事する	대답 하다〔問いに対し
久しく	오래	不可能だ	불가능하다		て〕、답장 하다〔手紙や
久しぶり	오랜만, 오래간만	服	옷		メールに対して〕
微笑	미소	吹く	불다	返信	답장
非常に	아주, 매우, 대단히, 무척	拭く	닦다	返信する	답장하다
額	이마	複雑だ	복잡하다	変だ	이상하다
左側	왼쪽	袋	봉지, 봉투〔封筒、状袋〕	返納する	반납하다
引っかかる	걸리다	ふさわしい	어울리다	ボイラー	보일러
(物を)引っかける	걸다	プサン〔釜山・地名〕	부산	～(の)方	쪽
びっくり	깜짝	ぶすっと	푹	放棄する	포기하다
日付	날짜	不足している	모자라다	方向	방향
引越し	이사	ブタ	돼지	報告書	보고서
引っ越す	이사하다	再び	다시	報告する	보고하다
ぴったり	딱	負担	부담	帽子	모자
必要	필요	部長	부장, 부장님〔敬称〕	放送	방송
必要だ	필요하다	普通	보통	方法	방법
ビデオ	비디오	二日	이틀	ボーイフレンド	남자 친구
人	사람	不透明だ	부옇다	ホームページ	홈페이지
ひどい	심하다	太る	살찌다	ボールペン	볼펜
ひどく	너무, 무척	部分	부분	他のもの	별것
ひと言	한마디	父母	부모, 부모님〔부모の丁寧	保護	보호
ひと晩	하룻밤		語〕	星	별
日取り	날짜	冬	겨울	細道	골목
1人で	혼자, 혼자서	フランス語	프랑스어	ボタン	버튼
ビビンバ〔料理〕	비빔밥	(…した・…する)ふり	척〔-는 척、	ホテル	호텔

115

…ほど	정도、-쯤〔接尾辞として名詞につける〕	
ほどく	풀다	
ほとんど	거의	
ほとんど同じだ	비슷하다	
骨が折れる	힘들다	
ほぼ	거의	
ぼやけている	부옇다〔くもっている〕、흐리다〔写真がぼやけている〕	
…本	병〔ビンなどを数える際に用いる〕【固＋】	
本	책	
ホンデ前〔地名〕	홍대앞	
本当に	정말、진짜〔主に話しことばで〕	
本屋	서점、책방	
翻訳	번역	
翻訳する	번역하다	

ま

…枚	장【固＋】
毎週	매주
毎月	매달
毎日	매일
前	앞、전〔時間的に〕
前もって	미리
任せる	맡기다
負ける	지다
（金額を）まける	깎다
まことに	참으로
ましだ	낫다
ましになる	나아지다
真面目だ	착하다
まず	우선、먼저
まずい	맛없다
また	또
まだ	아직
間違い	잘못
間違いない	틀림없다
間違う	잘못하다
間違える	틀리다
間違って	잘못
待つ	기다리다
まっすぐ（に）	쭉
全く	전혀
窓	창문
まともに	제대로
学ぶ	배우다
ママ	엄마
まもなく	곧
守る	지키다
まるで	마치

回っていく	돌아가다
回る	돌다
万一	만약、만일
漫画	만화、만화책〔漫画本〕
漫画本	만화책
マンション	아파트
真ん中	가운데
満腹だ	부르다、배부르다
見上げる	쳐다보다
見える	보이다
磨く	닦다
身代わりに	대신
ミカン	귤
右側	오른쪽
短い	짧다
水	물
店	가게、집〔主に飲食店などを指す場合〕
見せる	보이다
道	길
道が混む	길이 막히다
三日	사흘
見つめる	쳐다보다
皆	모두
皆さん	여러분
南、南の方	남쪽
見守る	지켜보다
見回す	둘러보다
耳	귀
未来	미래
見る	보다
（夢を）見る	꾸다
見分ける	알아보다
見渡す	둘러보다
六日	엿새
向かい側	맞은편
昔	옛날
無視する	무시하다
無条件に	무조건
むしろ	오히려
難しい	어렵다
息子	아들
娘	딸
無料	무료、공짜
目	눈
…名	명【固＋】
目上の人	어른
メートル	미터
メール	메일、문자〔携帯電話のメール〕
眼鏡	안경
召し上がる	드시다、잡수시다〔より年齢の高い相手に用いる〕

目立つ	띄다
メニュー	메뉴、메뉴판〔メニュー表〕
免税店	면세점
もう	이제〔今や〕、벌써〔既に〕
もう一度	다시
申し上げる	말씀드리다
申し訳ない	죄송하다
目次	차례
目的	목적
目的地	목적지
木曜日	목요일
文字	글자、문자
もし	만약、만일
もしかして	혹시
餅	떡
用いる	사용하다
もちろんです	그럼요
持つ	가지다、갖다〔＜가지다〕、들다〔持ち上げる〕
持っていく	가져가다
もっと	더、더욱
最も	가장
戻ってくる	돌아오다
戻る	돌아가다
もの	물건〔品物〕、것〔連体形に続けて〕、거〔＜것〕
ものが	게〔＜것이〕
ものを	걸〔＜것을〕
燃やす	태우다
模様	무늬、모양〔連体形に続けて推測を表す〕
もらう	받다
（器などに）盛る	담다
もれなく	빠짐없이
問題	문제

や

野球	야구
焼く	태우다〔火で燃やす〕、굽다〔肉などを炙る〕
約束	약속
約束する	약속하다
役割	역할
焼ける	익다
野菜	야채
易しい	쉽다
安い	싸다
休み	방학〔学校の長期休暇〕、휴가〔休暇〕、휴식〔休憩〕
休む	쉬다
安らかだ	편안하다
やっと	겨우
宿	숙소

やはり	역시	横になる	눕다	リンゴ	사과
山	산	四日	나흘	例	예
やめる	그만두다, 말다 〔主に-다가에 続けて〕	予定	예정	冷蔵庫	냉장고
		予定する	예정하다	例文	예문
柔らかい	부드럽다	世の中	세상	冷麺〔料理〕	냉면
遊園地	유원지	呼ぶ	부르다	歴史	역사
夕ご飯	저녁	読む	읽다	レコード	음반
友人	친구	予約	예약	列	줄
優先する	우선하다	予約する	예약하다	練習	연습
郵便局	우체국	より	더	練習する	연습하다
郵便物	우편물	より一層	더욱더	連絡	연락
有名だ	유명하다	より良い	낫다	連絡先	연락처
雪	눈	夜	밤〔夕方…夜明け〕、저녁〔夕方〕	連絡する	연락하다
ゆず茶	유자차			廊下	복도
豊かに暮らす	잘살다	寄る	들르다	老人	노인
委ねる	맡기다	(…に)よる	따르다	六月	유월
ゆっくり	천천히, 푹〔ゆっくり休む〕	弱い	약하다	路地	골목
				路上	길거리
(手の)指	손가락	**ら**		…羽	마리【固＋】
夢	꿈	ラーメン	라면	若い	젊다, 어리다〔幼い〕
揺らす	흔들다	来月	다음 달	わが国	우리나라
許す	용서하다	来週	다음 주	分からない	모르다
夜明け	새벽	来年	내년	分かる	알다
よい	좋다〔良い〕、되다〔…してもよい〕、착하다〔人の心や行動が真面目だ、善良だ〕	楽だ	편하다, 편안하다	別れる	헤어지다
		楽に	편히	分ける	나누다
		ラジオ	라디오	忘れてしまう	잊어버리다
八日	여드레	ランプ	등	忘れ物預かりセンター	유실물센터
容器	그릇〔食器〕、케이스	理解する	이해하다, 알아듣다〔聞いて分かる〕	忘れられる	잊혀지다
陽光	햇빛			忘れる	잊다
用事	일	リムジンバス	리무진 버스	私	저〔丁寧な言い方〕、나〔ぞんざいな言い方〕
容赦する	용서하다	理由	이유		
様子	모양	留学	유학	私が	제가〔丁寧な言い方〕、내가〔ぞんざいな言い方〕
(…の)ようだ	같다	留学する	유학하다		
曜日	요일	寮	기숙사	私たち	저희〔丁寧な言い方〕、우리
ようやく	겨우	量	양		
ヨーロッパ	유럽	両側	양쪽	私の…	제〔丁寧な言い方〕、내〔ぞんざいな言い方〕
よく	잘	領収証	영수증		
翌日	다음날	両親	부모, 부모님	笑う	웃다
よくできる	잘되다	利用する	이용하다	悪い	나쁘다
良くなる	나아지다	両方	양쪽	悪くなる	나빠지다
翌年	다음 해	料理	요리	我々	우리
よける	피하다	旅券	여권	ワンルーム	원룸
横	옆	旅行	여행		
横たわる	눕다	旅行する	여행하다		

付録

あいさつ・あいづち

그래요?	そうですか	아이고	あら、ああっ
그러게요	その通りです	어때요?	どうですか、いかがですか
그럼요	もちろんですとも	어떠세요?	いかがですか
그렇지요?	そうですよね	어서 오세요	いらっしゃいませ
글쎄요	さあ…、そうですね	여기요/저기요	〔店などで人を呼ぶ時に〕すみません
됐어요	結構です、いいです	여보세요	もしもし
됐어요?	よろしいですか、いいですか	잠깐만요	お待ちください
많이 드세요	たくさん召し上がってください	잠시만요	お待ちください
몰라요	知りません、分かりません	저	あの…
무슨 말씀을요	とんでもないです	저기	えっと…
뭘요	いえいえ、とんでもないです	천만에요	どういたしまして、とんでもないです
별말씀을요	とんでもないです		

慣用句一覧

가슴속에 남다	心に残る	머릿속에 그리다	頭に描く
가슴으로 느끼다	心で感じる	목이 빠지도록	首を長くして（待つ）
가슴을 열다	心を開く	배탈이 나다	お腹を壊す、腹痛を起こす
가슴이 따뜻하다	心が温まる、心が温かい	살이 빠지다	痩せる、肉が落ちる
가슴이 아프다	胸がうずく、胸が痛む	아직 멀었다	ほど遠い、まだまだだ
감기에 걸리다	風邪をひく	언제 어디서나	いつでもどこでも
나이가 들다	年を取る、年を食う、老ける	여기 있어요	（ものを渡しながら）どうぞ
다시 말해(서)	即ち、つまり、言い換えれば	잠이 들다	寝つく、寝入る
돈이 되다	金になる、儲かる	정이 들다	情がわく、慣れ親しむ
마음에 들다	気に入る	콧물이 나다	鼻水が出る
마음을 먹다	心に決める、決心する、本気になる	하나 둘이 아니다	一つ二つではない、山のようにある
마음이 가볍다	気持ちが軽やかだ	하나부터 열까지	どれもこれも皆
마음이 넓다	心が広い、懐が深い	한두 번이 아니다	一度や二度ではない、数えきれないほどある
마음이 무겁다	気が重い	힘을 내다	力を出す、元気を出す、頑張る
마음이 아프다	胸が痛い、心が痛む	힘을 넣다	力を入れる
마음이 좋다	気立てがいい、人がいい、思いやりがある	힘을 빌리다	力を借りる、助力を得る、助けを受ける
마음이 통하다	心が通う、心が通じる	힘을 얻다	力を得る、力づけられる
말로 하다	言葉で伝える	힘이 들다	骨が折れる、大変だ、難しい、困難だ
말을 시키다	話をさせる、言わせる	힘이 없다	力や気力が無い、能力が無い、無能だ
머리가 아프다	頭が痛い、（心配などで）悩む	힘이 있다	力がある、元気だ

著者紹介

睦　宗均（モク　チョンキュン）
近畿大学理工学部教授
韓国語学、日・韓対照言語学

須賀井義教（すがい　よしのり）
近畿大学総合社会学部准教授
韓国語学、韓国語教育

小島大輝（こじま　だいき）
近畿大学文芸学部准教授
韓国語学

ロールプレイで学ぶ韓国語　初級から中級へ

2019年 2 月10日　第 1 刷発行
2025年 3 月10日　第 4 刷発行

著　者 ©　睦　　　宗　均
須 賀 井 義 教
小　島　大　輝
発行者　岩　堀　雅　己
組版所　アイ・ビーンズ
印刷所　株式会社　三秀舎

発行所　101-0052東京都千代田区神田小川町3の24
電話 03-3291-7811（営業部）, 7821（編集部）　株式会社　白水社
www.hakusuisha.co.jp
乱丁・落丁本は、送料小社負担にてお取り替えいたします。

振替 00190-5-33228　　Printed in Japan　　株式会社ディスカバリー
ISBN978-4-560-01795-1

▷本書のスキャン、デジタル化等の無断複製は著作権法上での例外を
除き禁じられています。本書を代行業者等の第三者に依頼してスキャ
ンやデジタル化することはたとえ個人や家庭内での利用であっても著
作権法上認められていません。

パスポート朝鮮語小辞典 ◎朝和＋和朝◎

塚本 勲 監修／熊谷明泰 責任編集／白岩美穂，黄鎭杰，金年泉 編

◇朝和＋和朝でハンディサイズ！　◇韓国の標準語に準拠　◇大きな文字で見やすい版面　◇朝和は 23000 語，全見出し語にカタカナ発音　◇和朝は 6000 語，生きた例文が豊富　◇ジャンル別単語・会話集付

（2色刷）Ｂ小型　640 頁　定価 2860 円（本体 2600 円）

みんなの韓国語　初級
キム・スノク，スン・ヒョンジュ 著
長年の韓国語教育の経験が随所に生きる初級学習書．
Ｂ5判 144 頁　定価 2310 円（本体 2100 円）

韓国語プラクティス100
増田忠幸 著
100 の練習で，気持ちをつたえることが自然にできるようになるためのメソッド．
A5判 150頁 定価 2420円（本体 2200 円）【CD2枚付】

改訂版　韓国語文法ドリル
◎初級から中級への 1000 題
須賀井義教 著
ハン検 5〜3 級の文法事項のおさらい，弱点強化に．文法問題を強化した改訂版．
B5判 175 頁　定価 2200 円（本体 2000 円）

絵で学ぶ韓国語文法 [新版]
◎初級のおさらい、中級へのステップアップ
金京子，河村光雅 著
絵を使った解説でわかりやすい！　音声無料ダウンロード有り．（2色刷）
Ａ5判　282 頁　定価 2530 円（本体 2300 円）

絵で学ぶ中級韓国語文法
金京子，河村光雅 著　　　　　　[新版]
絵を用いた簡潔な解説と豊富な練習問題で着実に中級の実力を養成．音声無料ダウンロード有り．（2色刷）
Ａ5判　308 頁　定価 2860 円（本体 2600 円）

絵で学ぶ上級への韓国語文法
金京子，河村光雅 著
上級への足場を固める，84 の絵を使った丁寧な文法解説．　　　（2色刷）
Ａ5判　292 頁　定価 3080 円（本体 2800 円）

絵でわかる韓国語のオノマトペ
◎表現が広がる擬声語・擬態語　辛昭静 著
にぎやかな音のニュアンスを楽しく学ぼう．音声無料ダウンロード有り．
四六判 150 頁 定価 2420 円（本体 2200 円）

絵でわかる韓国語の体の慣用表現
　　　　　　　　　　　　　辛昭静 著
一歩先の韓国語を身につけてみませんか．
四六判　210 頁　定価 2420 円（本体 2200 円）

Eメールの韓国語
白宣基, 金南听 著
ハングルの入力方法から，様々な場面における文例と関連表現まで．
A5判 185 頁　定価 2090 円（本体 1900 円）

韓国語発音クリニック [新版]
前田真彦 著
初級者にも中級者にも目からウロコの特効薬が満載！音声無料ダウンロード有り．
A5判　161 頁　定価 2200 円（本体 2000 円）

通訳メソッドできたえる中級韓国語
　　　　　　　　　　　　　前田真彦 著
コミュニケーションの力を着実にアップ！
音声無料ダウンロード有り．　　【CD付】
A5判 167 頁　定価 2640 円（本体 2400 円）

韓国語 まる覚えキーフレーズ40
張銀英 著　　　　　　　　　　【CD付】
キーフレーズのまる覚えではじめる会話練習．音声アプリ有り．（2色刷）
四六判 119 頁 定価 2090 円（本体 1900 円）

韓国語形容詞強化ハンドブック
今井久美雄 著
韓国語の形容詞のすべてがここに．音声無料ダウンロード有り．
四六判 287 頁　定価 2860 円（本体 2600 円）

ステップアップのための韓国語基本文型トレーニング
チョ・ヒチョル，チョン・ソヒ 著
基礎を固め中級へアップ．（2色刷）
A5判 176 頁　定価 2420 円（本体 2200 円）

中級韓国語単語練習帳
◎ハン検 3 級準 2 級 TOPIK 中級
金京子，神農朋子 著
待望の中級編！　2880 語収録．音声無料ダウンロード有り．
四六判 374 頁　定価 2860 円（本体 2600 円）

韓国語能力試験 TOPIK II 作文対策講座
吉川寿子，キム・テウン 著
対策が難しい作文を，親身な指導で得点源に！
A5判 167 頁　定価 2310 円（本体 2100 円）

重版にあたり，価格が変更になることがありますので，ご了承ください．